Adriaan von Müller
Archäologische Spaziergänge

W0087905

Adriaan von Müller

Archäologische Spaziergänge

Das historische Berlin entdecken

1. Auflage 1995
© 1995 by Argon Verlag, Berlin
Alle Rechte vorbehalten
Umschlaggestaltung: Maria Herrlich
Titelfoto: Münze des Jaxa von Köpenick, 12. Jh.,
Museum für Vor- und Frühgeschichte, Berlin
Karten: Senatsverwaltung für Bau- und Wohnungswesen V
Fotos: Günter Schneider (12), Archiv Museum für
Vor- und Frühgeschichte, Berlin (3), Landesbildstelle, Berlin (2)
Satz und Repro: LVD GmbH, Berlin
Druck und Bindung: Clausen & Bosse, Leck
ISBN 3-87024-419-4

Inhalt

Vorwort

Berlin und sein Umland ist – was die natürliche Landschaft an-
betrifft – durch die letzte von drei bisher in diesem Gebiet nachgewiesenen Eiszeiten geprägt. Die hier vor 40 000 Jahren bis zu
1 000 Meter hohen Gletscher hinterließen auf ihrem Rückzug
etwa 15 Meter hohe Erdablagerungen mit den uns allen bekannten großen Findlingsblöcken, die sie aus Norwegen in den Berliner Raum transportiert hatten. Die Schmelzwasser formten
schmale Rinnen und flossen unter der Eisdecke in nord-südlicher
Richtung ab. Sie sammelten sich in einem breiten Flußbett, dem
Warschau-Berliner Urstromtal, das – heute von der Spree durch-
flossen – zwischen den Hochflächen des Barnim im Norden und
des Teltow im Süden Berlins verlief. Der Urstrom entwässerte
zur Nordsee.

Erst in der Nacheiszeit können wir Jägergruppen in der Gegend
des heutigen Berlin nachweisen, die dem Rentier nachstellten.
Sie lebten vor etwa 10 000 Jahren in einer Tundrenlandschaft
mit Busch- und Krüppelgehölz.

Nachdem es im 8. Jahrtausend v. Chr. allmählich wärmer geworden war, änderte sich Pflanzen- und Tierwelt. Wälder breiteten
sich aus, und das uns heute bekannte Standwild, wie Rothirsch,
Reh und Wildschwein, fand seinen Lebensraum. Der Mensch zog
nicht mehr mit den wandernden Herden der Rentiere, sondern
erreichte eine bedingte Seßhaftigkeit. Er vertauschte das Zelt
des unsteten Jägers mit der Reisig- oder Schilfhütte. Der Fischfang spielte bei der Nahrungsbeschaffung eine größere Rolle als
zuvor. Die Gewässer wurden als Verkehrswege durch Nutzung
des Einbaums erschlossen.

Bereits im 7. Jahrtausend v. Chr. war man im Vorderen Orient unter klimatisch günstigen Bedingungen von Jagd und Fischfang zu einer neuen revolutionierenden Wirtschaftsweise, der Nahrungsmittelproduktion (Ackerbau und Viehzucht), übergegangen. Diese Neuerung breitete sich schnell über den Balkan nach Mitteleuropa aus. In jüngster Zeit wurden Siedlungen solcher frühen Bauern auch in der Umgebung Berlins entdeckt. Sie suchten stets die fruchtbaren Böden auf und lebten zwischen anderen Menschengruppen, die noch der alten Tradition von Jagd und Fischfang nachgingen. Im Laufe des 4. Jahrtausends setzte sich die „Agrarrevolution" vollends durch; die Menschen waren seßhaft geworden und lebten in festgefügten Dorfgemeinschaften.

Zu Beginn des 2. Jahrtausends v. Chr. tauchten im mittelbrandenburgischen Raum zum ersten Mal Gegenstände aus Kupfer auf, die das Herannahen eines neuen Zeitalters anzeigen, das der Bronzezeit. Weiterhin bildeten Ackerbau und Viehzucht die Ernährungsgrundlage. Die oft dicht beieinanderliegenden Dörfer und die zahlreichen Urnenfriedhöfe lassen auf ein starkes Bevölkerungswachstum schließen. Das Klima war warm und trocken, so daß sich auch die Niederungen als Lebensraum anboten. In dieser Zeit sind erstmals befestigte regionale Herrschaftszentren nachzuweisen, die möglicherweise auch kultisch-religiöse Mittelpunkte bildeten. Reiche Goldfunde weisen auf Fernhandelsbeziehungen hin.

Kupfer und Zinn, die Grundstoffe für die Herstellung von Bronze, sind in der Mark Brandenburg nicht vorhanden. Sie mußten eingeführt werden. Das Auftreten erster Gegenstände aus Eisen im 8. Jahrhundert v. Chr. läßt erkennen, daß sich die Bevölkerung unseres Raumes von Metalleinfuhren weitgehend unabhängig gemacht hatte. Roheisen stand in der Norddeutschen Tiefebene als Raseneisenstein in großer Menge an. Man wußte ihn schon damals abzubauen, in Öfen auszuschmelzen und in gereinigtem Zustand weiterzuverarbeiten. Die Eisenzeit begann. In den letzten Jahrhunderten v. Chr. hoben sich nun auch allmählich historisch faßbare Völker heraus. Das Berliner Gebiet wurde von den aus dem Norden kommenden Germanen besiedelt.

Es folgt nun eine Epoche, in der Germanen in zunehmendem Maße an Donau und Rhein mit dem Römischen Reich in Berührung kamen. Deswegen hat man die ersten vier Jahrhunderte n. Chr. als Römische Kaiserzeit bezeichnet, obwohl die römische Herrschaft zu keinem Zeitpunkt bis in unsere Gegend gereicht hat. Jedoch erfahren wir durch römische Historiker, die sich auf Berichte fahrender Kaufleute stützen konnten, zum Beispiel durch den Geschichtsschreiber Tacitus, auch Näheres über den germanischen Volksstamm, der damals im Bereich unserer Stadt lebte. Es waren die Semnonen. Sie verlagerten ihre Wohnsitze im Verlauf des ausgehenden 2. Jahrhunderts n. Chr. weiter westwärts, so daß der Ostteil des heutigen Berliner Stadtgebiets im 3. und 4. Jahrhundert von den germanischen Burgunden in Besitz genommen werden konnte, bis sie, wie auch die benachbarten Semnonen, nach Westen abzogen. Die Völkerwanderungszeit, ausgelöst durch den überraschenden Einfall der reiternomadischen Hunnen, hatte begonnen.

Geringe Teile der alteingesessenen germanischen Bevölkerung blieben jedoch in ihren angestammten Wohnsitzen zurück. Einige ihrer Gräber und Siedlungen sind bekannt. Gerade das Berliner Stadtgebiet bildete offenbar eine kleine Siedelkammer in dem sonst vielfach unbewohnten Bereich zwischen Elbe und Oder.

So kann es nicht überraschen, daß gerade im Berliner Raum erste Neuzuwanderer mit anderer Volkszugehörigkeit, die Slawen, Fuß faßten. Sie suchten ihre Dörfer dort zu errichten, wo bereits Höfe der in der Heimat zurückgebliebenen Germanen bestanden. Ein umfassender Neuanfang mit weitläufigen Rodungen war hier nicht notwendig. Dem kam entgegen, daß – anders als heute – ethnische Unterschiede von Alt- und Neusiedlern angesichts der von der Natur vorgegebenen und zu lösenden Aufgaben damals keine Rolle spielten. Letzte Germanen und einwandernde Slawen vermischten sich überall zwischen Elbe und Oder miteinander und bildeten ein Substrat unserer heutigen Berlin-Brandenburgischen Bevölkerung. Das zahlenmäßige Übergewicht der zuwandernden Slawen führte aber zur Dominanz in Sprache und Kultur.

Allmählich bildeten sich – im 9. Jahrhundert n. Chr. bereits in Ansätzen erkennbar – an wichtigen Herrschaftssitzen und an Verkehrsknotenpunkten (Stadt Brandenburg – Spandau und Köpenick) bedeutende frühstädtische Zentren heraus, die, wie nachzuweisen ist, die Voraussetzung für die an gleicher Stelle entstehenden nachfolgenden deutschrechtlichen Städte bildeten. So fanden die deutschen Grafen von Ballenstedt, die Havelland und Spreemündungsgebiet um die Mitte des 12. Jahrhunderts in Besitz nahmen und sich fortan Markgrafen von Brandenburg nannten, bereits wichtige städtische Ansätze vor. Das gleiche gilt auch für die Markgrafen von Meißen, die fast gleichzeitig von Süden kommend ihre Herrschaft bis nach Köpenick ausweiteten.

Spandau und Köpenick waren die städtischen Urzellen des heutigen Berlin. Beide Orte konnten sich jedoch wirtschaftlich nicht entscheidend weiterentwickeln, da spätestens im 13. Jahrhundert die neu gegründete Doppelstadt Berlin-Cölln von den brandenburgischen Markgrafen, den Askaniern, wirtschaftlich stärker gefördert wurde.

Das Geschlecht der Askanier starb in männlicher Linie im Jahre 1319 aus. Ihre Nachfolge traten in der Mark Brandenburg zunächst die aus Bayern stammenden Wittelsbacher und später die auf das Haus Luxemburg zurückgehenden Böhmischen Könige (Karl IV. und Nachkommen) an. Seit 1412 herrschten in der Mark Kurfürsten und Könige aus dem Geschlecht der Hohenzollern.

Altstadttouren durch die Doppelstadt Berlin-Cölln

Die Doppelstadt Berlin-Cölln wurde vermutlich zu Ende des 12. Jahrhunderts oder um 1200 an der schmalsten Stelle des von der Spree durchflossenen Warschau-Berliner Urstromtals gegründet. Der Übergang von der Höhe des Teltow auf den nördlich der Spree gelegenen Barnim konnte auf weite Strecken in östlicher und westlicher Richtung nirgendwo leichter vollzogen werden als an dieser Stelle. Dabei nutzte man mehrere im Engpaß der Spree vorhandene flache Talsandinseln, um den Fernhandelsverkehr in nordsüdlicher Richtung leichter abwickeln zu können. Die Spree bot zudem die Möglichkeit, Schiffstransporte in ostwestlicher Richtung durchzuführen. Es ist somit verständlich, wenn sich die ersten Bewohner Berlins auf der einen, diejenigen Cöllns auf einer anderen Spreeinsel im Kreuzungspunkt der beiden Verkehrsadern niederließen. Auf einer dritten Talsandkuppe errichteten die brandenburgischen Markgrafen ihren befestigten Hof.

Die schriftliche Ersterwähnung Cöllns erfolgte erst im Jahre 1237, diejenige Berlins im Jahre 1244. Ersterwähnungen sind jedoch nicht mit Gründungsdaten von Orten zu verwechseln. Es fehlen einfach ältere Urkunden oder sie sind – wenn jemals vorhanden – verlorengegangen. Somit kommt bei der Erforschung der Anfänge von dörflichen und – wie im Falle Berlins – von städtischen Siedlungen der Archäologie besondere Bedeutung zu. Sie vermochte hier, wie an vielen anderen Plätzen, mit Hilfe zahlreicher Ausgrabungen Licht in das Dunkel der Entstehungszeit Berlin-Cöllns zu bringen. Die beiden Ansiedlungen entstanden nach Auskunft der archäologischen Befunde mindestens 40 Jahre früher, als es die ältesten Urkunden zu erkennen geben.

*Rekonstruktionszeichnung der Doppelstadt Berlin-Cölln
um 1300, von Westen gesehen*

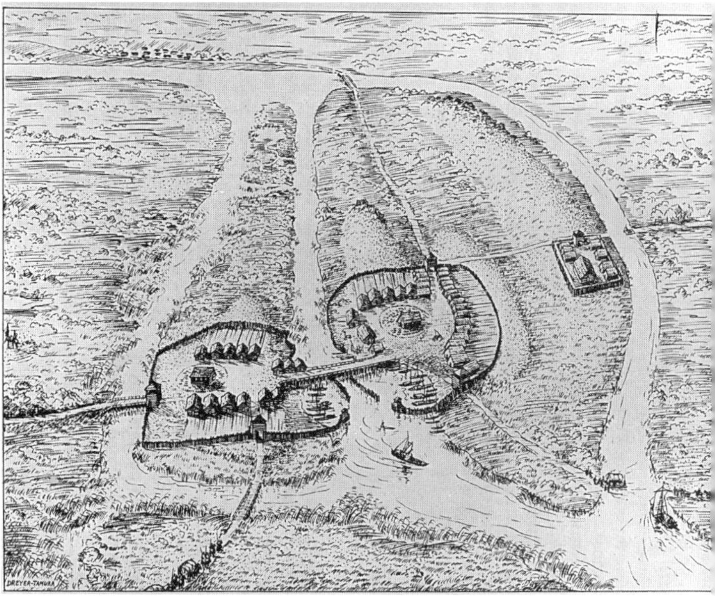

*Rekonstruktionsversuch der Doppelstadt Berlin-Cölln um 1180
aus der Vogelperspektive (Zeichnung F. Dreyer-Tamura)*

Teile der Altstadt von Berlin-Cölln fielen im letzten Viertel des 19. Jahrhunderts erstmals der Spitzhacke zum Opfer, als unter Kaiser Wilhelm II. ohne Rücksicht auf alte Straßenführungen neue Prachtstraßen angelegt wurden. Vollends veränderte der Zweite Weltkrieg mit seinen verheerenden Bombenschäden das alte Straßenbild. In den meisten westdeutschen, aber auch in vielen ostdeutschen Städten erfolgte der Wiederaufbau unter Berücksichtigung alter, gewachsener Strukturen. Häufig wurde der Neubeginn auch außerhalb der Innenstädte in Angriff genommen. Im Stadtkern von Berlin-Cölln hingegen hat man nicht nur den viel diskutierten Schloßabriß zu verantworten, sondern auch die in weiten Teilen des Zentrums praktizierte Vernichtung des alten Straßenbildes, um die Anlage breiter Magistralen und weiträumiger Plätze zu ermöglichen. Dadurch wird es hier, anders als beispielsweise in Spandau, dem Fremden weitaus schwerer gemacht, die frühe Entwicklung der Stadt und die Lage ihrer mittelalterlichen Gebäude zu verstehen. Als Orientierungshilfe dient daher der beigefügte Straßenplan mit den eingezeichneten mittelalterlichen Sehenswürdigkeiten (bestehende und vernichtete). Die Zahlen in Klammern nach den Überschriften entsprechen der Nummerierung in dem nachfolgenden Plan.

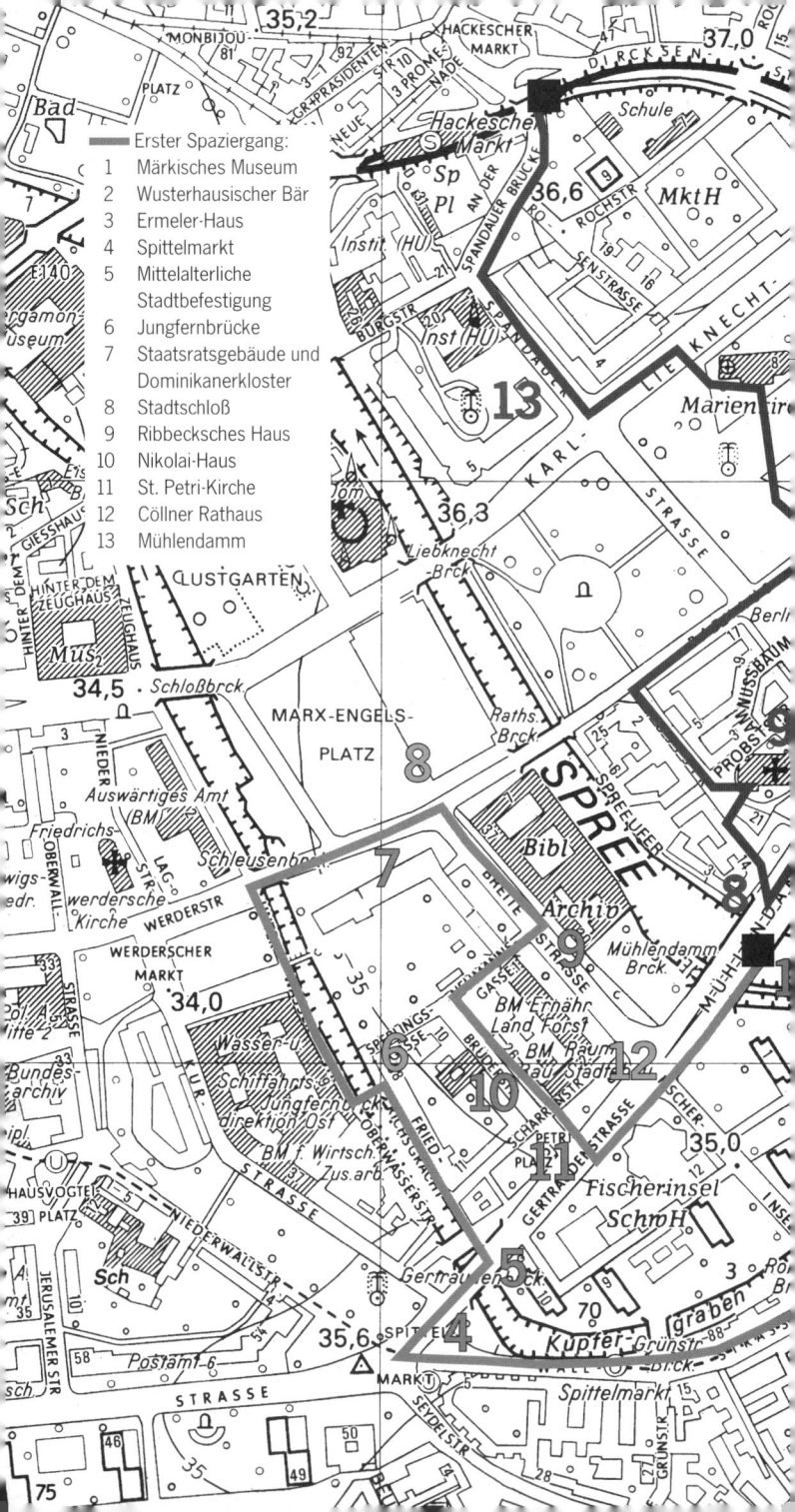

Erster Spaziergang:

1. Märkisches Museum
2. Wusterhausischer Bär
3. Ermeler-Haus
4. Spittelmarkt
5. Mittelalterliche Stadtbefestigung
6. Jungfernbrücke
7. Staatsratsgebäude und Dominikanerkloster
8. Stadtschloß
9. Ribbecksches Haus
10. Nikolai-Haus
11. St. Petri-Kirche
12. Cöllner Rathaus
13. Mühlendamm

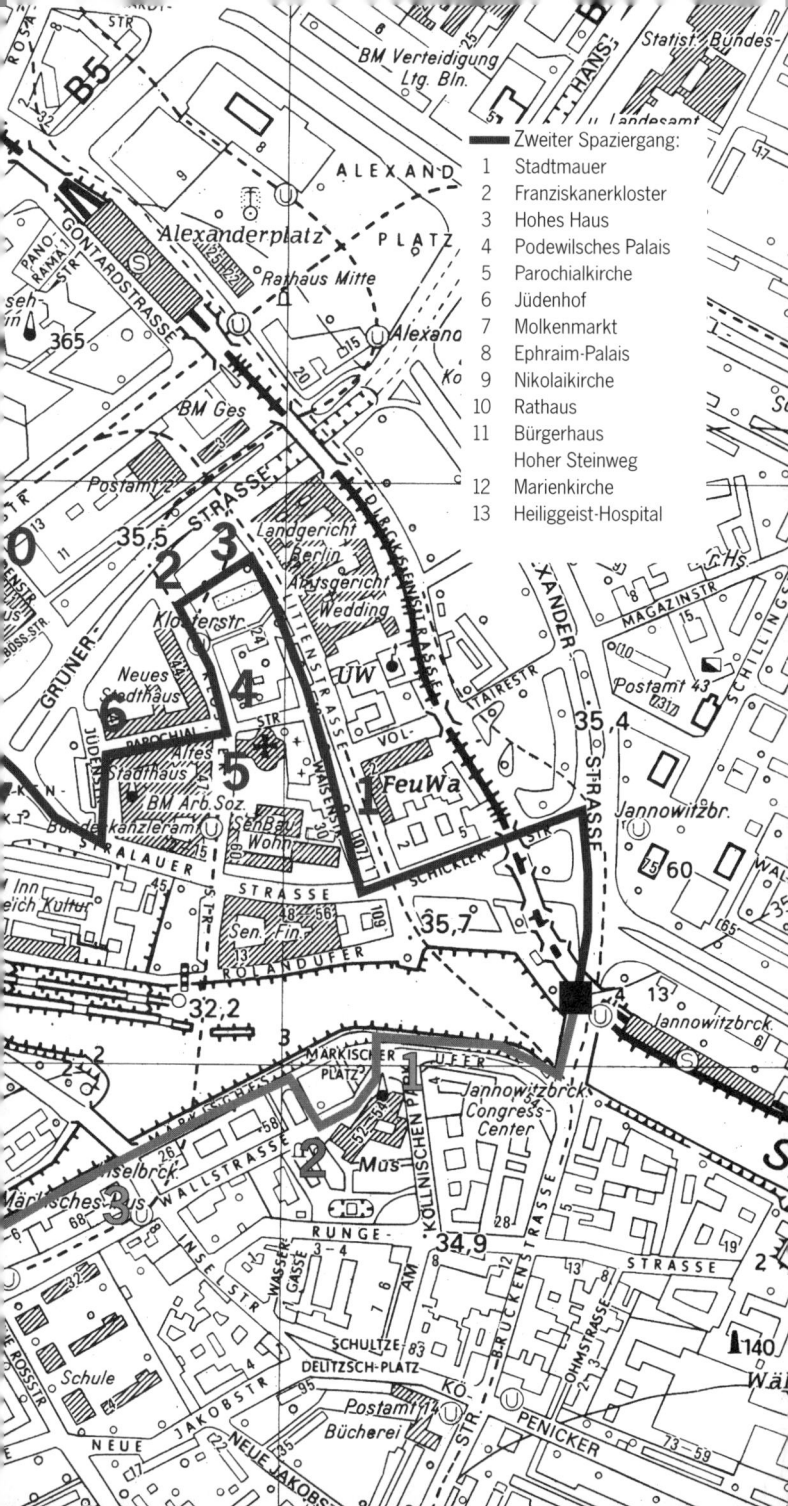

Zweiter Spaziergang:

1 Stadtmauer
2 Franziskanerkloster
3 Hohes Haus
4 Podewilsches Palais
5 Parochialkirche
6 Jüdenhof
7 Molkenmarkt
8 Ephraim-Palais
9 Nikolaikirche
10 Rathaus
11 Bürgerhaus
   Hoher Steinweg
12 Marienkirche
13 Heiliggeist-Hospital

ERSTER SPAZIERGANG DURCH DAS „ALTE" BERLIN-CÖLLN

Der Weg führt von der S- oder U-Bahnstation Jannowitzbrücke (U8 und S9, S3, S5, S7) über die Spree rechts entlang dem Märkischen Ufer zum Märkischen Museum, dem Märkischen Ufer folgend bis zur Neuen Roßstraße. Dann über die Wallstraße zum Spittelmarkt; von dort über die Friedrichsgracht, die Jungfernbrücke und über die Unterwasserstraße bis zur Werderstraße. Dieser folgt man in nordöstlicher Richtung bis zur Breiten Straße und gelangt in die Neumannsgasse. Weiter führt der Weg durch die Brüder- und Gertraudenstraße zum Mühlendamm. Dort endet die Route. An der U-Bahnstation Jannowitzbrücke wählt man den südlichen Ausgang, die S-Bahn besitzt nur einen, und erreicht über die Spreebrücke und entlang dem Märkischen Ufer das Märkische Museum.

Das Märkische Museum (1)

Die Sammlung dieses Hauses hat eine lange Geschichte. Es war in der zweiten Hälfte des 19. Jahrhunderts in erster Linie als Museum für die Preußische Provinz Mark Brandenburg gedacht. So erwarb man damals nicht nur Berliner Objekte, sondern auch solche aus der näheren und weiteren Umgebung. Allmählich entwickelte sich das Museum aber mehr und mehr zum zentralen Sammlungsort der Berliner Geschichte. Im Jahre 1908 entstand das heute als Märkisches Museum bekannte Gebäude nach den Entwürfen des Berliner Stadtrats Ludwig Hoffmann. Ihm ging es darum, alte Architekturelemente (Gotik und Renaissance) in das neue Museumsgebäude einzubringen und auf diese Weise die Sammlungen in einen historischen Rahmen zu stellen. So dienten ihm als Vorbild des mächtigen Backsteinturms der Burgturm in Wittstock und die Giebelgestaltung bezieht sich auf die Katharinenkirche in Brandenburg. Ähnlich ist man auch bei der Gestaltung der Innenräume verfahren. Das Gebäude wurde im Jahre 1945 bei den Kämpfen um Berlin stark beschädigt, aber im Laufe der Zeit Stück um Stück wiederhergestellt.

Es ist im Rahmen dieses Rundgangs nicht möglich, auf die Sammlungen des Hauses im einzelnen einzugehen. Empfohlen wird aber ein Blick auf die im Erdgeschoß untergebrachte Prähistorische Abteilung. Sie enthält heute überwiegend Fundobjekte, die in der Zeit nach dem Zweiten Weltkrieg geborgen werden konnten. Der größte Teil der älteren Sammlung war 1945 in den Westteil der Stadt Berlin gelangt. Die wichtigsten Funde aus diesem Bestand werden zur Zeit noch im Museum für Vor- und Frühgeschichte (Schloß Charlottenburg) gezeigt. Innerhalb der Präsentation des Märkischen Museums sind für die Geschichte Berlins vor allem die aus der Steinzeit stammende Hirschmaske von Biesdorf und die Funde von Marzahn von Bedeutung. Letztere gehören in das 5.–8. Jahrhundert n. Chr. Ein Raum ist schließlich der Stadtentstehung von Berlin-Cölln zu Ende des 12. Jahrhunderts gewidmet. Dort sind die zugehörigen archäologischen Funde zu sehen. Der Interessierte sollte es keinesfalls versäumen, darüber hinaus das ebenfalls im Erdgeschoß aufgestellte Modell der Stadt Berlin-Cölln zu betrachten, das die Bebauung im Jahre 1750 zeigt. Es ist zur Vorbereitung der beiden folgenden Rundgänge hilfreich.

Der Wusterhausische Bär (2)

Nach Verlassen des Märkischen Museums werfen wir im benachbarten Köllnischen Park einen Blick auf den sogenannten „Wusterhausischen Bären", einen Backsteinturm der Stadtbefestigungsanlage, die zur besseren Verteidigung Berlins in den Jahren 1658–1683 entstand. Der Turm steht heute nicht mehr an seiner ursprünglichen Stelle. Der seltsame Name ist auf eine Verballhornung der ursprünglichen Bezeichnung zurückzuführen. Das Bauwerk diente im 17. Jahrhundert dem Schutz des Wehrs, das den Wasserstand im Festungsgraben regulierte. Die Benennung „Wusterhausischer Bär" geht auf das lateinische Wort für Wehr = berum zurück. Der Weg führt nun entlang dem Märkischen Ufer bis zur Neuen Roßstraße.

Das Ermeler-Haus (3)

Am Märkischen Ufer ist nach dem Zweiten Weltkrieg eine dort ursprünglich nicht hingehörende neue Zeile denkmalgeschützter Häuser entstanden. Das ansehnlichste ist das Ermeler-Haus (Märkisches Ufer Nr. 10), benannt nach dem Tabakfabrikanten und späteren Tabakhändler Friedrich Wilhelm Ermeler. Es gehörte seiner Familie von 1824–1914, aber das Haus stand ursprünglich in der Breiten Straße 11. Dort hatte es zwar den Krieg überdauert, mußte aber der Straßenverbreiterung weichen. Das möglicherweise bis in das 16. Jahrhundert zurückreichende Gebäude wurde 1805 mit einer frühklassischen Fassade versehen. Dazu gehört in der ersten und zweiten Etage ein Palmettenfries. Über der Tür befindet sich bezeichnenderweise ein Tabakfries, der das Pflücken der Tabakblätter durch schwarze Sklaven sowie das Wiegen und den Versand des Tabaks in der Neuen Welt darstellt. Das Haus Märkisches Ufer Nr. 12 stammt aus der Zeit um 1740. Es wurde 1968/69 von der Friedrichsgracht an den jetzigen Standort versetzt. Über die Wallstraße erreichen wir den Spittelmarkt. Der Verlauf der Wallstraße ist identisch mit der aus Wällen, Gräben und vorgeschobenen Bastionen bestehenden ehemaligen Stadtbefestigung des 17. Jahrhunderts. Auf der rechten Seite blickt man über einen heute kanalisierten alten Spreearm auf die Cöllner Spreeinsel.

Der Spittelmarkt (4)

Der Name – ursprünglich Spitalmarkt – geht auf das hier gelegene mittelalterliche Gertrauden-Hospital zurück, das jüngste von drei einst vorhandenen Berliner Hospitälern. Es war der heiligen Gertrud geweiht und stand unmittelbar vor dem Gertraudentor. Das Spital wurde erst zu Anfang des 15. Jahrhunderts errichtet. Der Baubeginn erfolgte im Jahre 1405, die Weihe im Jahre 1411. Vermutlich diente das Haus der Unterbringung pflegebedürftiger Cöllner Bürger. Eine Ansicht aus der Zeit um 1740 vermittelt einen Eindruck vom Aussehen der damals umgebauten und 1881 abgerissenen kleinen Hospitalkirche. Danach hat es sich – wie nicht anders zu erwarten – ursprünglich um einen gotischen Bau gehandelt. Das auf dem Markt stehende Bronzedenkmal der heiligen Gertrud wurde im Jahre 1896 von R. Siemering geschaffen. Über die 1894/95 in romanisierendem Stil errichtete Gertraudenbrücke erreichen wir den Cöllner Stadtteil.

Die mittelalterliche Stadtbefestigung (5)

Von der alten Stadtmauer ist an dieser Stelle heute nichts mehr zu sehen. Sie verlief unmittelbar am Ufer des Kupfergrabens. In Höhe der Gertraudenbrücke stand das Gertrauden- oder Teltower Tor. Die aus Bruchsteinen und Ziegeln errichtete Mauer besaß in diesem Bereich zehn viereckige Weichhäuser, das sind Mauervorsprünge, von denen aus man die Mauervorderseite mit der Armbrust unter Beschuß nehmen konnte. Es handelt sich um ein für die Mark Brandenburg typisches Verteidigungssystem, das den sonst üblichen Wehrgang hinter der Mauerkrone überflüssig machte. Die Stadtmauer hat vermutlich einen aus Holzpalisade und Graben bestehenden Vorgänger gehabt, wie er in Spandau archäologisch nachgewiesen werden konnte. Über die Friedrichsgracht gelangt man zur Jungfernbrücke und auf der gegenüberliegenden Seite des Kupfergrabens der Unterwasserstraße folgend zur Schleusenbrücke.

Die Jungfernbrücke (6)

Bei ihr handelt es sich um die älteste, noch vorhandene Brücke Berlins. Sie stammt aus dem Jahre 1798 und wurde als eiserne Radzugbrücke konstruiert, um im aufgezogenen Zustand den Schiffsverkehr auf dem Kupfergraben zu ermöglichen. Bevor wir über die Schleusenbrücke in den alten Cöllner Stadtteil zurückkehren, ist auf der linken Seite die Friedrich-Werdersche Kirche zu sehen, ein Backsteinbau, der in den Jahren 1824–1830 nach Entwürfen von Friedrich Karl Schinkel entstand. Auf der Cöllner Insel angekommen, fällt der Blick linker Hand auf den großen Schloßplatz. Auf der rechten Seite steht das Staatsratsgebäude.

Das Staatsratsgebäude und das Dominikanerkloster (7)

Der 1962–1964 entstandene moderne Bau diente dem Vorsitzenden des Staatsrats der DDR als Amtssitz. Über Erhalt oder Abriß wird seit langem diskutiert. In die Vorderfront wurde seinerzeit ein Sandsteinportal des Berliner Schlosses eingefügt, weil von seinem Balkon aus die Novemberrevolution des Jahres 1918 ausgerufen worden war. Das Portal ist in den Jahren 1706–1713 im Rahmen der Neugestaltung des Berliner Schlosses von Eosander von Göthe geschaffen worden. Im Mittelalter stand an der Stelle des Staatsratsgebäudes und auf der Straße davor das Bettelordenskloster der Dominikaner. Es lag unmittelbar an der hier vorüberführenden Cöllner Stadtmauer. In der Klosterkirche von Röbel (Mecklenburg) befindet sich ein Chorgestühl, das auf die Gründung des Berliner Klosters im Jahre 1297 hinweist. Im Jahre 1300 wird in einer landesherrlichen Urkunde ein Pater Wilhelmus Prior domus praedicatorum in Colonia erwähnt, bei dem es sich zweifellos um einen Angehörigen des Dominikaner-Konvents gehandelt hat. Unter der Regierung des Kurfürsten Joachim II. wurden die Dominikaner veranlaßt, nach Brandenburg zu übersiedeln, um die Klosterkirche 1536 für das bis dahin in der Schloßkapelle angesiedelte Domstift zu verwenden. Die alte Kirche, bisher dem Heiligen Paulus geweiht, wurde als Domkirche unter den Schutz der Heiligen Maria Magdalena, des Bischofs Erasmus und des Heiligen Kreuzes gestellt. Anfang des 18. Jahrhunderts wurden Teile der Klostergebäude und 1747 die Kirche selbst abgebrochen. An der Stelle des heutigen Doms ließ König Friedrich II. dessen ersten Vorgänger errichten. Über das Aussehen der alten Domkirche, hinter der sich die Dominikaner-Klosterkirche verbirgt, sind wir durch bildliche Darstellungen des 17. und 18. Jahrhunderts unterrichtet. Zusätzliche Informationen lieferten Ausgrabungen, die in den Jahren 1880 und 1928/29 durchgeführt wurden. Die Kirche war in frühgotischem Stil als Backsteinbau errichtet und besaß eine Länge von 57 Metern bei einer Breite von 18,2 Metern. Die baugeschichtliche Datierung der ausgegrabenen Klostergebäude fällt in das letzte Viertel des 13. Jahrhunderts.

Die Dominikaner-Klosterkirche, spätere Domkirche, während des Begräbnisses der preußischen Königin Sophie Charlotte, 1705

Das Stadtschloß (8)

Dort wo heute der Palast der Republik steht und auf dem Platz davor erstreckte sich der fast quadratisch angelegte Komplex des Stadtschlosses. In seiner bis zum Abriß in den Jahren 1950/51 erhaltenen Form geht es im wesentlichen auf die während des frühen 18. Jahrhunderts wirkenden Baumeister Andreas Schlüter und Eosander von Göthe zurück. Den ältesten Teil des Schlosses bildete der Spreeflügel. Dort entstand in den Jahren 1443–51 unter Kurfürst Friedrich II. ein kleiner gotischer Bau, der später unter Kurfürst Joachim II. im Jahre 1538 durch ein Renaissance-Schloß ersetzt wurde. Baumeister war damals Caspar Theyss. Der erste Schloßbau war von erheblichen Unruhen in der Berlin-Cöllner Bevölkerung begleitet, die den Schloßbau verhindern wollte, beschwor er doch die Gefahr von häufiger oder gar ständiger Präsenz des Landesherrn in den Mauern der Stadt herauf. Man befürchtete mit Recht Einschränkungen bisheriger Freiheiten. So setzten die Bürger während der Baumaßnahmen die Baustelle unter Wasser; sie mußten sich jedoch bald dem Willen des Fürsten beugen. Beim Abriß des Schlosses und beim anschließenden Bau des Palasts der Republik konnten Ausgrabungen nicht oder nur in ganz begrenztem Maße durchgeführt werden. So wird man zukünftig bezüglich der Baugeschichte allein auf die im Jahre 1936 gemachten Beobachtungen von Albert Geyer (Geschichte des Schlosses zu Berlin) angewiesen sein. Wir wandern nun entlang der Breiten Straße bis zur Neumannsgasse, folgen dieser, um über die Brüderstraße wieder auf die Gertraudenstraße zu stoßen.

Das Ribbecksche Haus (9)

Bevor wir in die Neumannsgasse einbiegen, zeigt sich in der Breiten Straße 35 ein gut restaurierter Renaissancebau, der einzige, der in Berlin heute noch erhalten ist. Hans-Georg von Ribbeck ließ hier im Jahre 1624 zwei ältere Häuser zu einem neuen umgestalten. Aus dieser Bauphase ist das rundbogige Portal erhalten. Ein erster Umbau erfolgte schon 1629/30 durch den

Dresdner Baumeister Balthasar Benzelt. Zu dieser Zeit verfügte das Haus nur über zwei Geschosse. Das dritte Geschoß wurde 1803/04 hinzugefügt. Neben dem Gebäude ist der in den Jahren 1660–1670 erbaute frühbarocke Marstall (Breite Straße 36–37) erhalten. Er gehörte zum Komplex des Schlosses und diente der Unterbringung von Pferden und Wagen. Wir wenden uns nun der Brüderstraße zu. Während die Breite Straße die Verbindung zwischen Cöllner Rathaus und Schloß herstellte, gelangte man über die Brüderstraße vom Cöllnischen Fischmarkt zum Dominikanerkloster.

Das Nikolai-Haus (10)

In der Brüderstraße 13 steht ein barockes Bürgerhaus, das von dem bekannten Berliner Verleger Christoph Friedrich Nikolai erworben, aber bereits im Jahre 1670 erbaut worden war. Sehenswert ist der Innenhof des dreigeschossigen Putzbaus mit seiner aus der Zeit um 1710 stammenden Treppe. Hervorzuheben ist das qualitätvoll geschnitzte Geländer. Nikolai machte sein Haus zum Zentrum der Berliner Aufklärung. Dort verkehrte u.a. auch Gotthold Ephraim Lessing, dessen Werke Nikolai als erster verlegte.

Die St. Petri-Kirche (11)

Auf dem Parkplatz zwischen Scharrenstraße – hier betrieben im Mittelalter die Kleinhändler, vor allem die Fleischer, ihre Verkaufsstände (Scharren) – und Gertraudenstraße stand bis zum Jahre 1964 die Ruine der im Zweiten Weltkrieg zerstörten Cöllner Pfarrkirche St. Petri. Die Kirche wird erstmals im Jahre 1285 erwähnt, als die Markgrafen Otto V. und Otto VI. der Parochialkirche zu Cölln eine jährliche Hebung von zwei Wispel Roggen aus der Cöllnischen Mühle schenkten. Doch durfte man schon immer auf die Existenz der Kirche bereits in älterer Zeit schließen, denn die erste Erwähnung Cöllns im Jahre 1237 nennt einen Pfarrer Symeon, von dem man annehmen muß, daß er in der Cöllner Petri-

Die Petri-Kirche im Jahre 1690 nach einem Aquarell von Johann Stridbeck

Kirche predigte. Nachdem in der folgenden Zeit mehrfach Stiftungen für die Kirche stattgefunden hatten, erfahren wir 1379 von einem neuen Kirchenbau. Sein Aussehen ist uns in einer 1690 entstandenen Zeichnung überliefert (siehe oben). Es handelt sich um einen hochgotischen Bau, der 1730 abbrannte und durch eine Barockkirche ersetzt wurde. Ihr folgte 1853 ein neugotischer Bau, dessen Reste man nach der Kriegszerstörung 1964 beseitigte. Zur Klärung des wirklichen Alters der Petri-Kirche fanden im Jahre 1967 auf dem Petriplatz Ausgrabungen statt. Dabei entdeckten die Archäologen unter den Fundamenten der hochgotischen Kirche zwei Vorgänger, einen frühgotischen und einen romanischen Bau. Von der ältesten romanischen Kirche waren nur geringe Reste des Feldsteinfundaments erhalten. Der Ausgräber nimmt jedoch an, daß das Bauwerk mit einer Außenverkleidung aus sorgfältig behauenen Granitquadern versehen war. Über die Größe der ersten Kirche lassen sich keine genauen Angaben machen, doch scheint sie nicht wesentlich kleiner als der hochgotische Bau gewesen zu sein. Die romanische Kirche muß etwa zeitgleich mit der Berliner Nikolai-Kirche um 1200 oder kurz darauf errichtet worden sein. Sie ist vermutlich einem Teilabriß zum Opfer gefallen, wobei das anfallende Mauerwerk beim Bau des Nachfolgers wiederverwendet wurde. Diese frühgotische Kirche muß noch im 13. Jahrhundert entstanden sein. Die dritte, nun hochgotische Kirche (gebaut um 1379) war als Fundament ebenfalls nachzuweisen. Wichtig für die Erforschung der Siedlungsanfänge in Cölln war die Entdeckung eines Friedhofs, dessen Gräber durch den ältesten Kirchenbau von St. Petri bereits gestört worden waren. Er muß demnach schon früher vorhanden gewesen sein. Wie unter der Berliner Nikolai-Kirche (siehe dort) die ersten Berliner, so hatte man hier die ersten Cöllner Bewohner aus der Zeit um oder sogar vor 1200 gefunden. Es ist wahrscheinlich, daß sie um einen noch älteren Vorgänger der romanischen Petri-Kirche, wahrscheinlich ein Holz- oder Fachwerkbau, beigesetzt worden waren.

Das Cöllner Rathaus (12)

Im Bereich der Gertraudenstraße in Höhe der Breite Straße stand im Mittelalter und zu Beginn der Neuzeit am Ende des Fischmarkts das Cöllner Rathaus. Sein Alter ist unbekannt, doch werden im Jahre 1307 sechs Cöllner Ratmannen (Ratsherren) genannt. Aus dem Jahre 1780 stammt eine Zeichnung des dreigeschossigen Baus. Im Jahre 1889 wurde er abgerissen.

Der Mühlendamm (13)

Über die große Kreuzung Gertrauden- und Breite Straße erreichen wir den Mühlendamm, der seinen Namen von den hier im Mittelalter angelegten Wassermühlen ableitet. Eine erste Erwähnung der Mühlen findet sich in einer Urkunde des Jahres 1285, doch darf man davon ausgehen, daß wenigstens eine einnahmeträchtige markgräfliche Mühle schon vorher vorhanden war. Die Markgrafen besaßen bei Anlage der Mühlen das alleinige Mühlrecht, was bedeutet, daß jeder Bauer der Umgebung sein Korn gegen Entgelt dort mahlen lassen mußte. Der Mühlendamm staute im Mittelalter den dort fließenden Spreearm. An vier schmalen Durchlässen hatte man jeweils eine Getreidemühle errichtet. Sie sind uns in der angegebenen Reihenfolge überliefert: auf der Cöllner

Seite die Cöllnische-, anschließend die Mitteldamm-, die Clipp-
und die Berlinische Mühle. Auf dem Mühlendamm endet der
Rundgang durch den Altcöllner Stadtkern. Von hier aus kann
man über die Gertraudenstraße den U-Bahnhof Spittelmarkt (U 2)
oder über die Gruner- und Parochialstraße den U-Bahnhof Klosterstraße (U 2) erreichen.

ZWEITER SPAZIERGANG DURCH DAS „ALTE" BERLIN-CÖLLN

Vom S- oder U-Bahnhof Jannowitzbrücke (U8 und S3, S5, S7, S9) führt der Weg über die Stralauer Straße in die Waisenstraße. Von dort über die Kloster- und Parochialstraße zur Grunerstraße und Molkenmarkt, weiter durch das Nikolaiviertel über Rathausstraße zur Marienkirche an der Karl-Liebknecht-Straße. Über diese gelangt man zur Spandauer Straße und weiter zum S-Bahnhof Hackescher Markt. Nach Verlassen des S- oder U-Bahnhofs Jannowitzbrücke folgen wir der Stralauer Straße bis zur Waisenstraße. In Höhe der Littenstraße befand sich im Mittelalter das aus einem einfachen Torhaus bestehende Stralauer Tor.

Die Stadtmauer (1)

Die Littenstraße markiert den Verlauf der alten Berliner Stadtmauer. Sie ist dort zwischen Litten- und Waisenstraße in Resten freigelegt. Von dem erhaltenen Mauerstück hatte man bis zur Zerstörung der Altstadt durch die Bombenangriffe im Zweiten Weltkrieg keine Kenntnis. Die Mauer war im 18. Jahrhundert an dieser Stelle bereits durch die auf der Stadtseite angebauten Häuser, die die alte Stadtmauer als Rückwand nutzten, im Straßenbild verschwunden. Von diesen Häusern ist eines erhalten geblieben und vollständig restauriert worden. Es handelt sich um die Altberliner Gaststätte „Zur letzten Instanz" in der Waisenstraße 14–16. Der Name nimmt Bezug auf das in unmittelbarer Nähe liegende neuzeitliche Gerichtsgebäude. Die Stadtmauer besteht im unteren Teil aus Feldsteinen, im oberen Teil aus gebrannten Ziegeln und datiert in das späte 13. Jahrhundert. Sie ersetzt, wie in Berlin noch nicht nachgewiesen – aber in Spandau bereits belegt, eine ältere Befestigung, die vermutlich aus einem flachen, mit Holzpalisaden versehenen Wall und vorgelegtem Graben bestand.

Das Franziskanerkloster (2)

Unmittelbar vor der Grunerstraße befand sich einst das Kloster des Franziskanerordens, das sich direkt an die Stadtmauer anlehnte und von dem heute – als Ruine unter Denkmalschutz gestellt – nur noch die Klosterkirche erhalten geblieben ist. Auf das Kloster weist zunächst eine in Spandau ausgestellte Schenkungsurkunde aus dem Jahr 1257 hin, in der als Zeuge ein Herrmannus Lectorfratrum minorum in Berlin (wohl ein Mitglied des Franziskaner-Konvents) genannt wird. Inwieweit die später überlieferte Nachricht von dem bereits 1249 erwähnten Beichtvater der Markgrafen Johann und Otto mit Namen Herrmann von Langele, der Lektor im Grauen Kloster zu Berlin gewesen sein soll, als Zeichen einer noch früheren Anwesenheit der Franziskaner in der Stadt gewertet werden darf, ist fraglich. Ebenso unklar ist die Glaubwürdigkeit einer weiteren Nachricht. Über dem Gestühl des Chorraums der Klosterkirche befand sich nämlich eine aus der Zeit um 1500 stammende Inschrift. Sie lautete: „Im Jahre 1271 haben die erlauchten Fürsten und Herren Otto und Albrecht, Markgrafen von Brandenburg, aus besonderer Verehrung des Ordens den Platz, auf welchem dieses Kloster erbaut ist, den Ordensbrüdern zu ewigem Besitz gnädigst übergeben. Nachher hat 1290 der wackere Ritter, Herr Jacob von Nebede, den hiesigen Ordensbrüdern die Ziegelscheune zwischen Tempelhof und Berlin geschenkt. Und so sind der gedachte Ritter und die genannten Fürsten die Stifter dieses Klosters."

In den Jahren 1471–74 entstand das heute nicht mehr erhaltene Kapitelhaus mit dem spätgotischen Kapitelsaal und 1516–19 auf der Nordseite das Langhaus. Das Kloster, das im Zuge der Reformation aufgelöst wurde, durfte jedoch noch von den Mönchen bis zu ihrem Tode bewohnt werden. Danach diente es dem Leibarzt des Kurfürsten Johann Georg Leonhard Thurneißer als Alchimistenküche, um Gold herzustellen. Als dies nicht gelang, gründete der Kurfürst im Jahre 1574 hier die Schule Zum Grauen Kloster.

Der Zweite Weltkrieg brachte den Gebäuden schwere Zerstörungen. Die Schulbauten wurden abgerissen. Über ihren ehemaligen

Innenansicht der noch intakten Klosterkirche im Jahre 1936

Standort hinweg führt heute die breite Grunerstraße. Die Kirche aber wurde von der Denkmalpflege als Ruine geschützt. Die Klosterkirche, ein dreischiffiger gotischer Bau, war wohl die älteste Berliner Hofkirche zur Zeit der Askanier. Sie bestand aus dem Landhaus, dem mönchischen Langchor und dem Chorschluß. Sie war bis auf Teile der nördlichen Mauer ausschließlich aus Backsteinen errichtet. Das Langhaus, die Laienkirche, war fast quadratisch gestaltet und mit einfachen Kreuzgewölben versehen. Der Langchor, die frühere Mönchskirche, hatte die Breite des Mittelschiffs, der Chorschluß dürfte zu den besten Werken gotischer Baukunst in der Mark Brandenburg gezählt worden sein. Die Kirche ist vermutlich in dieser Form im ausgehenden 13. Jahrhundert errichtet worden.

Von 1926 bis 1936 wurde das Bauwerk restauriert. Parallel hierzu geführte Ausgrabungen legten ein teilweise außerhalb der späteren Kirche verlaufendes Fundament frei, das der Ausgräber einem älteren Sakralbau zuschrieb. Es könnte sich dabei um eine einfache Saalkirche gehandelt haben. Ihre Datierung in die Zeit um 1250 würde bedeuten, daß die Franziskaner von Beginn an in der Klosterstraße ansässig waren.

Das Hohe Haus (3)

Unter der Grunerstraße und im Bereich der Neubauten zwischen Gruner- und Rathausstraße lagen nördlich und südlich der alten Klosterstraße für die Geschichte der frühen Stadt Berlin wichtige und bedeutende Gebäude. Es handelt sich um den markgräflichen Wohnsitz im Hohen Mittelalter. Im Jahre 1261 findet er erstmals als Aula Berlin Erwähnung. Das Berliner Stadtbuch gedenkt für das Jahr 1407 einer Begebenheit, die sich vor dem markgräflichen Wohnsitz (damals als Curia bezeichnet) abgespielt hat. Eine Frau wurde verurteilt, da sie dort zur Geißelung der damaligen Zustände gerufen hat: „Meyde den Priestern" (Mädchen für die Priester). Die Lage der markgräflichen Gebäude läßt sich in den Jahren 1271 und insbesondere 1451 erschließen. Im Jahr 1451 wurde die kurfürstliche Hofhaltung von der Klosterstraße

in das neuerbaute Schloß zu Cölln verlegt und das Kloster-
straßengelände in Burglehen umgestaltet. Eine Beschreibung
der Lehen gibt Kenntnis vom markgräflichen Besitz. Danach darf
vermutet werden, daß die Curia (= Alter Hof) auf der Süd-West-
Seite der Klosterstraße gelegen hat, das später errichtete Hohe
Haus dagegen auf der nordöstlichen. Es wurde bei Abrißarbeiten
des Gebäudes Klosterstraße 75 im Jahre 1931 wiederentdeckt.
Es gelang, das gotische Hauptportal und zwei dieses links und
rechts begleitende hohe gotische Fenster, eine dreischiffige Halle
und ein Kreuzgewölbe freizulegen. Das Eingangsportal konnte
gerettet werden und ist heute im Märkischen Museum zu sehen.
Alle anderen Bauteile fielen damals der Spitzhacke zum Opfer.
Das Hohe Haus gehört dem frühen 14. Jahrhundert an, sein Vorgänger war vermutlich das 1451 erwähnte Alte Haus, das wohl
mit dem Alten Hof identisch war. Nach unserer heutigen Kenntnis ist die Entwicklung der markgräflich-kurfürstlichen Residenz
in Berlin folgendermaßen verlaufen: Vermutlich vor 1200 entstand ein wahrscheinlich in Holz ausgeführter landesherrlicher
befestigter Hof (Curia), der noch im 15. Jahrhundert als Alter Hof
bezeichnet wurde. Wohl um die Mitte des 13. Jahrhunderts bauten sich die Markgrafen einen repräsentativen Sitz aus Stein, das
Alte Haus. Dieses wurde nach 1300 von dem in der Nähe errichteten Hohen Haus abgelöst. Im Jahre 1451 wurde die Hofhaltung
in das neue Cöllner Schloß verlegt.

Das Podewilsche Palais (4)

In unmittelbarer Nachbarschaft zur Klosterkirche befindet sich in
der Klosterstraße 68/70 das Palais des Preußischen Staatsmini-
sters Heinrich Graf von Podewil. Der im Zweiten Weltkrieg stark
zerstörte Barockbau, dessen Fassade wiederhergerichtet wurde,
ist in den Jahren 1701–1704 von Johann von Bodt geschaffen
worden. Im Jahre 1992 konnten in dem Gebäude nach Entfernen des Kellerfußbodens die Fundamente eines älteren Baus
aus dem 16. Jahrhundert freigelegt werden. Die archäologischen
Untersuchungen haben an dieser Stelle aber auch den Nachweis noch älterer Fachwerkhäuser aus dem 13. und 14. Jahrhun-

dert geliefert, von denen eines mit einem Kuppelofen ausgestattet war.

Die Parochialkirche (5)

Gegenüber dem Podewilschen Palais befindet sich die Parochialkirche mit einem kleinen sie umgebenden Friedhof. Hier liegt u. a. der Begründer der Berliner Porzellanmanufaktur (KPM), Wilhelm Kaspar Wegely, gestorben 1746, begraben. Die Kirche diente der deutsch-reformierten Gemeinde als Gotteshaus. Den ersten Entwurf lieferte Johann Arnold Nering im Jahre 1694. Nach seinem Tode wurde der Bau nach dem veränderten Plan von Martin Grünberg errichtet. Die Kirche gehört zu den überzeugendsten Beispielen der Berliner Barockarchitektur. Wir folgen nun der Parochialstraße in westlicher Richtung und treffen auf die Jüdenstraße. Sie erinnert an den „Jüdenhof", der zwischen Parochial- und Grunerstraße lag.

Der Jüdenhof (6)

Der Jüdenhof, in dem während des Mittelalters die in der Stadt lebenden Juden zusammen wohnten und an den die Jüdenstraße heute noch erinnert, lag in unmittelbarer Nähe des markgräflichen Hofs. Die Juden standen damals unter dem Schutz der Landesherren und unterlagen deren Rechtsprechung. Neben der Ausübung bestimmter Handwerke füllten sie eine Lücke im Wirtschaftsleben des Mittelalters aus. Sie betätigten sich – was dem Christen verboten war – als Geldverleiher und erlangten daher gerade bei den Fürsten eine wichtige gesellschaftliche Stellung. Wenn auch die erste schriftliche Erwähnung der Juden in Berlin erst im Jahre 1317 erfolgte, so können wir den auf der Zitadelle in Spandau als Baumaterial verwendeten jüdischen Grabsteinen entnehmen, daß bereits im Jahre 1244 Juden im Berliner Raum lebten, vermutlich zu dieser Zeit auch im Jüdenhof zu Berlin. Die Berliner Juden bestatteten ihre Toten auf dem Friedhof der noch bedeutenderen Jüdischen Gemeinde von Spandau.

Der Molkenmarkt (7)

Im Kreuzungsbereich von Gruner-, Spandauer und Stralauer Straße liegt der Molkenmarkt. Mit Recht wird vermutet, daß es sich bei ihm um den ältesten Berliner Marktplatz handelt. Von ihm aus führte eine kleine Gasse zur Spree mit der Bezeichnung „Krögel". Am Krögel lag die öffentliche Badestube, von der wir aus dem Berliner Stadtbuch im Jahr 1430 erfahren. Sie war damals Schauplatz eines Giftmordversuchs. Wir überqueren nun in Höhe der Spandauerstraße am Ampelübergang die Grunerstraße und befinden uns im Nikolaiviertel. Zunächst folgen wir der Grunerstraße in Richtung Mühlendamm und treffen rechter Hand unmittelbar vor der Brücke auf das Ephraim-Palais.

Das Ephraim-Palais (8)

Es handelt sich um eines der schönsten Berliner Bürgerhäuser. Zwischen 1761 und 1764 wurde es für den Hofjuwelier und Bankier von König Friedrich II., Nathan Ephraim, errichtet, aber bereits im Jahre 1935 im Rahmen einer neuen Straßenplanung am Mühlendamm abgetragen. Die wertvollen Bauteile hat man damals eingelagert, so daß sie für den in den achtziger Jahren zur 750-Jahrfeier der Stadt erfolgten Wiederaufbau zur Verfügung standen. Allerdings konnte man das Gebäude wegen der neuen Straßenführung nicht mehr genau am alten Standort errichten. Heute dient das Gebäude Ausstellungszwecken. Es empfiehlt sich, einen Blick hineinzuwerfen, denn in einem besonders repräsentativen Raum hat man eine von Andreas Schlüter geschaffene Barockdecke aus dem ehemaligen Wartenberg-Palais eingefügt. Wir wenden uns nun der Fußgängerzone des nach erheblichen Kriegszerstörungen neu konzipierten Nikolaiviertels zu. Es entstand nach Entwürfen von Günter Stahn ebenfalls in den achtziger Jahren als Beitrag zur 750-Jahrfeier Berlins. Ein gelungener Versuch, ohne Altes zu rekonstruieren, dennoch das mittelalterliche Berlin nachzuempfinden.

Die Nikolaikirche (9)

Im Zentrum des Nikolaiviertels steht die alte Berliner Stadtpfarr-
kirche St. Nikolai. Sie hat die Kriegszerstörungen als Ruine überdauert und wurde bis zum Jahre 1987 aufwendig restauriert. Auf
ihr Vorhandensein bereits im Jahre 1244 ließ schon immer die
im Jahre 1244 erfolgte urkundliche Erwähnung eines Probstes
Symeon in Berlin (derselbe wurde bereits im Jahre 1237 in Cölln
genannt) schließen. Die Kirche selber wird erstmals 1264 in
einem Ablaßbrief des Bischofs von Brandenburg erwähnt. Aus
dieser Urkunde und einer weiteren von 1379 geht hervor, daß in
beiden Jahren an der Kirche gebaut wurde. Bei dem heute wie-
derhergestellten Bauwerk handelt es sich um eine spätgotische
dreischiffige Hallenkirche von 60 Metern Länge und 23 Metern
Breite, die auf das Jahr 1460 zurückgeht. Sie dient heute ebenfalls Ausstellungszwecken. Der Besucher sollte im Innern auf das
im Kirchenboden ausgelegte Fundament eines älteren Bauwerks
achten, von dem der im Westen noch immer stehende massive
Turm mit seinem schönen romanischen Portal in den späteren
Bau einbezogen wurde. Das Fundament im Innern des Kirchen-
schiffes wurde bei Ausgrabungen nachgewiesen. Nach dem
Zweiten Weltkrieg bot die abgedeckte Ruine die Möglichkeit zu
archäologischen Forschungen. Dabei gelang E. Reinbacher in
den Jahren 1956–58 der Nachweis zweier Vorgängerbauten, einer
frühgotischen Hallenkirche und einer noch älteren romanischen
Feldsteinbasilika mit einem dreischiffigen Langhaus, einem Quer-
schiff und zwei halbrunden Seitenapsiden. Dazu gehörte der
heute noch vorhandene Turmunterbau als Westwerk. Die Gesamt-
länge der Basilika betrug 56 Meter. Sie muß in der ersten Hälfte
des 13. Jahrhunderts errichtet worden sein. Das dreischiffige
Basilikalanghaus und die westlichen Teile der beiden Querschiff-
arme wurden vor 1300 abgebrochen und dann durch eine aus
Backsteinen erbaute, querschiffbreite Halle ersetzt. Der West-
bau, der Chor und die östlichen Teile des Querschiffs wurden
übernommen. Durch diesen Umbau entstand aus der romanischen Basilika eine frühgotische Hallenkirche mit zwei Pfeiler-
paaren, halbrunden Wandvorlagen und starken Strebepfeilern.
Noch größer als bei der Entdeckung der Kirchen war die Überra-

schung aber, als man auf 72 christliche Bestattungen stieß, die bereits von der romanischen Kirche überbaut oder gar zerstört worden waren. Sie lieferten den ersten Hinweis auf einen früheren Beginn der Besiedlung Berlins, als es die schriftliche Überlieferung bisher zu erkennen gab. Vor dem Wiederaufbau des Nikolaiviertels konnten in den Jahren 1980–83 erneut Ausgrabungen auf dem Gelände außerhalb der Kirche vorgenommen werden. Sie führten zur Entdeckung weiterer 18 Gräber, die zeitlich mit den 72 früher aufgefundenen korrespondierten. Ein christlicher Friedhof entstand im Mittelalter stets im Bereich eines Gotteshauses. Dies muß auch hier der Fall gewesen sein. Nach unserer heutigen Kenntnis dürfte es sich bei ihm um einen Holzbau gehandelt haben, von dem Reste allerdings kaum erhalten sein werden, es sei denn, ein im Jahre 1981 nachgewiesenes Pfostenloch gehört zu dieser ältesten Berliner Kirche.

Bei den eben angesprochenen Ausgrabungen der frühen achtziger Jahre fanden die Archäologen vor dem Westportal der Nikolaikirche in 2,90 Meter Tiefe den sich im hellen Sand abzeichnenden Grundriß eines mittelalterlichen Hauses von 3,50 x 4 Meter Fläche. Als Fußboden diente ein Lehmestrich. Reste von Schwellbalken mit Verkohlungsspuren weisen darauf hin, daß das Haus abbrannte. Ein im Fußboden eingetieftes hölzernes Faß und die geringe Größe des Hauses gaben Veranlassung, dieses kleine Bauwerk als Marktbude anzusprechen. Marktbuden entstanden stets rings um mittelalterliche Stadtkirchen. Die zeitliche Einordnung des Gebäudes fällt in die zweite Hälfte des 13. Jahrhunderts. Es handelt sich um eines der ältesten profanen Bauwerke im Berliner Stadtgebiet, das bisher nachgewiesen wurde.

Von der Nikolaikirche wandern wir über die Probst- und entlang der Poststraße zur Rathausstraße. Dabei zeigt sich rechter Hand in der Poststraße ein Gebäude, das der zum alten Berliner Rathaus gehörenden mittelalterlichen Gerichtslaube (siehe Rathaus – weiter unten) nachempfunden ist. Auf der Rathausstraße angekommen, haben wir das wiederhergestellte Nikolaiviertel verlassen und blicken auf einen großen, teilweise begrünten Platz, der von der Spandauer Straße quer durchschnitten wird. Im Mittelalter entstand auf diesem Gebiet die Berliner Neustadt, deren im Zweiten Weltkrieg zerstörten Häuser nicht wieder aufgebaut worden sind. Wir wenden uns nun nach Nordwesten und erreichen über die Rathausstraße die Spandauer Straße. Vor uns liegt das sogenannte Rote Rathaus, ein fast quadratisch angelegter Backsteinbau.

Das Rathaus (10)

Das heute noch immer als Berliner Rathaus genutzte Gebäude wurde in den Jahren 1861 bis 1870 anstelle eines zu klein gewordenen Vorgängers von Herrmann Friedrich Waesemann errichtet. Es nimmt aber eine weit größere Fläche als das ältere Rathaus ein. Der angewandte Baustil wird wegen der vorherrschenden Bögen „Rundbogenstil" genannt. Er knüpft an frühchristlich-byzantinische und romanische Baukunst an. Die Verwendung des unverputzten roten Backsteins ist in Zusammenhang mit der von Karl Friedrich Schinkel begründeten Tradition zu sehen (Friedrich-Werdersche Kirche in Berlin). Schinkel wählte dabei mittelalterliche Bauten als Vorbild. Der Relieffries unterhalb der Hauptgeschosse mit Szenen aus der Berliner Geschichte wurde erst 1876 bis 1879 geschaffen. Wann das erste Berliner Rathaus errichtet worden ist, ist weitgehend unbekannt. Eine urkundliche Erwähnung des Baubeginns liegt nicht vor. Auf dem ältesten Berliner Stadtplan, einem Kupferstich von J.G. Memhardt aus der Zeit um 1650, ist das Ratsgebäude als ein rechteckiger, sicher zweigeschossiger Bau entlang der heutigen Rathausstraße mit dem Giebel zur Spandauer Straße eingetragen. Angesetzt ist an der Spandauer Straße die Gerichtslaube, die zu dieser Zeit bereits als geschlossener Bau erschien. Genau auf der Ecke Spandauer Straße/Rathausstraße steht der sogenannte Uhrenturm. Das geschilderte Aussehen des Rathauses hat sich auf dem Plan von Johann Bernhard Schultz (1688) nicht wesentlich verändert. Erst auf dem Stich von J. D. Schleuen um 1740 erscheint ein Anbau an das alte Rathaus, der entlang der Spandauer Straße verläuft. Er wurde im Jahre 1693 von dem aus Holland stammenden kurfürstlichen Baumeister Johann Arnold

Nering errichtet. In den Jahren 1380, 1484 und 1581 brannte das Rathaus ab.

Wie aus der Denkschrift zur Grundsteinlegung für das neue Rathaus aus dem Jahre 1861 hervorgeht, konnte man beim Abriß der älteren Bauteile beobachten, daß die Gerichtslaube, der Sitz des alten Stadtgerichts, zu den ältesten Bauteilen gehörte. Vermutlich ebenso alt war der anschließende Flügel entlang der heutigen Rathausstraße. Er enthielt einst im Keller Lagerräume, im Erdgeschoß vermutlich eine Trinkstube und daneben Verkaufsräume. Das Obergeschoß bestand aus Tanzboden und Festsaal für den Rat und die Bürgerschaft – Räume, in denen Hochzeiten und Gastmahle großen Stils abgehalten werden konnten. Beim Abriß dieses Gebäudeteils fanden sich im Keller spitzbogige Kreuzgewölbe, die auf Pfeilern zwischen einfachkantigen oder abgefasten Rippen eingewölbt waren. Die Mauerflucht auf der Seite der Spandauer Straße wies ein Fundament aus sauber behauenen Granitquadern auf, was auf eine Datierung vor 1250 hindeutet. Von dem alten Rathaus wurde nur die Gerichtslaube gerettet. Aufgrund der Bauaufnahme durch den Berliner Stadt-

Ansicht des Berliner Rathauses um 1740 – links das alte Rathaus mit Uhrenturm und barockisierter mittelalterlicher Gerichtslaube, rechts der Anbau aus dem 18. Jahrhundert

baurat Blankenstein konnte sie im Park des Schlosses Babelsberg bis zum Jahre 1872 wiederaufgebaut werden.

Das ehemalige Bürgerhaus
Hoher Steinweg 15 (11)

Auf der Nordostseite des heutigen Rathauses verläuft die Jüdenstraße. In ihrer Verlängerung in nordwestlicher Richtung (Marienkirche) befand sich bis zur Umgestaltung des Neustadtareals in den Jahren 1955–1956 die Straße Hoher Steinweg. Dort stand, von Bomben getroffen, aber wiederherstellbar, bis zum Jahre 1955 das älteste erhaltene Berliner Bürgerhaus aus dem 15. und 16. Jahrhundert. Die Räume waren teilweise mit gotischen Kreuz- oder Netzgewölben ausgestattet. Vor und während des Abrisses wurden archäologische Ausgrabungen durchgeführt, die deutlich machten, daß das damals erhaltene Gebäude nicht vor der zweiten Hälfte des 14. Jahrhunderts, vermutlich nach dem großen Stadtbrand von 1380 entstand. Ein älterer Bau aus dem 13. Jahrhundert konnte nachgewiesen werden.

Die Marienkirche (12)

Unmittelbar vor uns befindet sich die zweite mittelalterliche Pfarrkirche St. Marien. Sie vermittelt heute, von allen sie einst umgebenden Gebäuden freigestellt, nicht mehr den ursprünglichen Eindruck. Früher lag sie nur durch eine Häuserzeile getrennt nahe dem Neumarkt, und sie war auch sonst verhältnismäßig eng umbaut. Platz blieb um die Kirche herum nur für den zugehörigen Friedhof, der aber im 18. Jahrhundert aufgegeben wurde. Man beachte, daß man zum Westportal mehrere Stufen herabsteigen muß. Dies war nicht immer so. Das Portal lag im Mittelalter zu ebener Erde oder es führte sogar möglicherweise ein oder zwei Stufen aufwärts. Während die Kirche das Niveau des alten Eingangsbereichs gehalten hat, ist das Siedlungsniveau der Umgebung – hervorgerufen durch den Schutt zahlreicher Zerstörungen der Häuser – in die Höhe gewachsen. Die Kirche, die der

Heiligen Maria, der Heiligen Anna und dem Heiligen Mauritius geweiht war, wird in den Jahren 1292 und 1294 als Ecclesia S. Mariae virginis erstmals erwähnt. Im Jahre 1340 lieh die Stadt der Kirche 50 Mark Silber. In die Zeit zwischen 1300 und 1380 fallen die Stiftungen zahlreicher Altäre, von denen die Kirche insgesamt etwa fünfzehn besaß. Nach dem Stadtbrand von 1380 schrieb Kardinal Mileus in Prag einen Ablaß aus, um einen Neubau der Kirche durch öffentliche Sammlungen zu ermöglichen. Unter Ablaß verstand man den Erlaß von Sünden gegen Zahlung von Geld. Ein weiterer Ablaßbrief wurde im Jahre 1490 zugunsten des Turmbaus ausgeschrieben. Die einzelnen Bauteile der gegenwärtigen Marienkirche gehören unterschiedlichen Zeiten an; der Chor entstand im 13., das Langhaus im 14. und der Turm im 15. Jahrhundert. Die Marienkirche ist ein dreischiffiger Hallenbau mit polygonal geschlossenem Chor; der Westturm hat in den unteren Geschossen die Breite der Kirche. Turm- und Kirchenfundament bestehen aus Granitquadern, was möglicherweise auf das Vorhandensein eines älteren noch romanischen Vorgängerbaus schließen läßt. Ein solcher könnte kaum nach 1255 errichtet worden sein. Wahrscheinlich ist, daß er schon bald nach 1220 in Zusammenhang mit der Gründung der Neustadt entstand. Die jetzige Spitze des Turms wurde 1789 aufgesetzt; Baumeister war damals Carl Ferdinand Langhans, dem wir auch das Brandenburger Tor in Berlin verdanken. Im Innern der Kirche verdient vor allem der „Totentanz" in der unteren Turmhalle Erwähnung, der erst 1860 unter dem Wandverputz von Oberbaurat Stüler entdeckt wurde. Die Fresken stammen aus dem 15. Jahrhundert und sind als eines der wenigen erhaltenen monumentalen Beispiele von Darstellungen dieses Inhalts für die Kunstgeschichte von Bedeutung. Sie leiden, auch heute noch sichtbar, leider unter den Lufteinflüssen und mußten schon mehrfach restauriert werden. Dargestellt ist der Tod, dem Angehörige aller Stände folgen müssen, jeder Mensch, gleich, ob mächtig oder unbedeutend, ob reich oder arm. Jeweils ein Toter reicht einem Lebenden die Hand zum Tanz, ein Reigen von jeweils 30 Personen. Der „Totentanz" soll den Lebenden die Vergänglichkeit ihres Daseins immer wieder vor Augen führen. Es ist kein Zufall, daß der Totentanz seinen Ursprung im Mittelalter hat, in einer Zeit, in der die Menschen aller Altersstufen und aller sozialen Schichten ohne Unterschied zu Tausenden von Seuchen hingerafft wurden.

Der Zeit vor der Reformation gehören der Taufstein von 1437 mit der Inschrift „Ich diene den Armen und den Reichen" und ein geschriebener Meßkanon mit Noten an. Künstlerisch wertvoll und stadtgeschichtlich von Bedeutung sind auch die Epitaphe (Gedächtnissteine) mehrerer Berliner Patrizier, zum Beispiel von Paul Blankenfelde (um 1440) oder von Thomas Blankenfelde (um 1504).

Vor der Marienkirche, neben dem Eingangsportal des Turms, steht seit dem Jahre 1726 ein Steinkreuz. Es befand sich ursprünglich an anderer Stelle, wahrscheinlich südlich des Neuen Markts, von wo aus das Kreuz vermutlich im 16. Jahrhundert und nochmals im 18. Jahrhundert versetzt wurde, zuletzt vor die Marienkirche. Es stammt aus dem Mittelalter und erinnert an die Ermordung des Probsts von Bernau, der wahrscheinlich am Neuen Markt im Jahre 1325 von den Berlinern umgebracht worden war. Der Probst hatte sich als Parteigänger des Avignoner Papstes Johannes XXII. gegen Kaiser Ludwig den Bayern und gegen dessen Sohn Ludwig den Römer, Markgraf von Brandenburg, gestellt. Ihnen war die Stadt Berlin-Cölln treu ergeben. Zehn Jahre lang belegte der Papst die Stadt und ihre Bürger wegen der Bluttat mit dem Bann. Schließlich konnten sich die Bürger durch Stiftungen und Sühnegottesdienste, auch durch das Setzen des besagten Sühnekreuzes vom Bann lösen. Sinn des Steinkreuzes ist nach mittelalterlichem Glauben, von dem Erschlagenen, der ohne Sterbesakramente aus dem Diesseits scheiden mußte, durch das Setzen des Sühnekreuzes Schaden abzuwenden. Zur Sühne gehörten auch Schenkungen von Geldbeträgen an Altäre, die der Durchführung einer jährlichen Totenmesse und der Stiftung eines ewigen Lichts dienten. Wir überqueren nochmals den großen Platz vor der Marienkirche und erreichen die Kreuzung Karl-Liebknecht-Straße und Spandauer Straße. Letzterer folgen wir nach Nordwesten in Richtung S-Bahnhof Hackescher Markt.

Das Heiliggeist-Hospital (13)

Auf der linken Seite der Spandauer Straße steht die kleine Kapelle des hier ehemals vorhandenen Heiliggeist-Hospitals, eines der drei mittelalterlichen Hospitäler von Berlin-Cölln. Dieses Berliner Spital lag vor dem Oderberger Tor in der Nähe des heutigen Alexanderplatzes. Hospitäler, die dem Heiligen Geist oder dem heiligen Georg geweiht waren, haben gewöhnlich eine frühe Tradition. In ihnen wurden Aussätzige aufgenommen. Die Seuche wurde im Mittelalter von den Teilnehmern der Kreuzzüge aus dem Heiligen Land eingeschleppt. Die drohende Ansteckungsgefahr zwang dazu, die Stadttore zu schließen, die Christenpflicht der Bürger gebot jedoch die Pflege der Erkrankten. Dies führte zur Gründung von Pflegestationen, der Hospitäler, vor den Stadtmauern. Später wurden sie häufig bei Stadterweiterungen in den Mauerring einbezogen und zur Pflege hilfsbedürftiger älterer Bürger umfunktioniert.

Eine erste Erwähnung, ohne daß das Hospital zum Heiligen Geist namentlich genannt wird, findet sich in einem Gildebrief der Berliner Bäcker vom Jahre 1272. Ihnen wird vom Rat der Stadt auferlegt, beim verbotenen Verkauf minderwertigen Brots dieses den beiden Armenhöfen kostenlos zur Verfügung zu stellen. In einem weiteren Gildebrief der Schneider vom Jahre 1288 wird festgelegt, daß jeder, der dem Gewerk beitreten will, neben einer Zahlung von Geld zwei Pfund Wachs zu liefern habe. Je ein halbes Pfund davon stehe dem Hospital zum Heiligen Geist und dem Hause der Aussätzigen zu. Im Jahre 1313 schenkte schließlich der Ritter Burchard Grevelhout dem Hospital vier Hufen Land in Weißensee, deren Nutzung zunächst dem Priester Arnold, vermutlich der Leiter des Hospitals, bis zu dessen Tode zustehen sollte. Dafür hatte er alle Vierteljahre für den Stifter und seine Verwandten eine Totenmesse zu lesen. Der Wohlstand des Hospitals muß beträchtlich gewesen sein, denn schon 1319 erwarb es für 150 Mark Brandenburgischen Silbers das Dorf Heinersdorf. Von den Bauten des Hospitals ist bis auf die Kirche nichts mehr vorhanden, jedoch bekommt man bei der Betrachtung der Stadtansicht von Johann Bernhard Schultz aus dem Jahr 1688 einen recht guten Eindruck von seinem früheren Aussehen. Zu dieser Zeit waren neben der Kirche noch Wohngebäude und der Kirchhof vorhanden. Daß die Kirche heute noch erhalten ist und nicht dem zu Anfang unseres Jahrhunderts in Angriff genommenen Bau einer Handelshochschule zum Opfer fiel, ist der Beharrlichkeit manch eines Berliner Bürgers zu danken. Das Kirchengebäude trägt unverkennbare Zeichen gotischen Baustils. Es handelt sich um eine einschiffige, langgestreckte Anlage mit den Innenabmessungen von 17 Meter Länge und 9,50 Meter Breite. Die Backsteinmauern sitzen auf einem teilweise bis zu 3 Meter hohen Sockel aus sauber behauenen Granitquadern auf. Besonders schön ist die östliche Giebelseite an der Spandauer Straße. Die hier vorhandenen drei hohen, tief herabreichenden Fenster mit breiter, abgeschrägter Sohlbank sind durch schmale Blendbögen voneinander getrennt. Das Mittelfenster ist 1720 bei der Explosion des einst in der Nähe stehenden Pulverturms zerstört worden und zeigt heute eine einfache glatte Dreiteilung, während bei den beiden Seitenfenstern die ursprüngliche Gliederung erhalten blieb. Der darüberliegende Giebel ist wiederum reich gegliedert. Der Innenraum wird von einem gut erhaltenen Sterngewölbe nach oben abgeschlossen. Während dieses Gewölbe dem 15. Jahrhundert zugeschrieben wird, dürften die Mauern der Kirche oder mindestens Teile davon noch im 13. Jahrhundert entstanden sein. Es spricht aber manches dafür, daß anstelle der gotischen Kirche ein älterer Vorgänger gestanden hat und man eine Gründung des Hospitals bereits vor 1230 als wahrscheinlich annehmen darf. Von diesem dann sicher romanischen Kirchenbau stammen wohl noch die nur vor 1250 verwendeten Granitquader des Sockels.

Am Übergang der Spandauer Straße in die Straße Spandauer Brücke/Ecke Burgstraße befand sich das Spandauer Tor. Hier endet der Rundgang. Der nahegelegene S-Bahnhof Hackescher Markt bietet gute Möglichkeiten, die Rückfahrt in verschiedene Richtungen anzutreten.

Auf den Spuren der Vergangenheit Köpenicks

Vom S-Bahnhof Köpenick (S3) gehen wir die Bahnhofstraße entlang, folgen der Lindenstraße, überqueren die Spree und erreichen die Altstadt von Köpenick. Der Weg führt dann über die Straße Alt Köpenick zum Schloß. Von dort kehren wir zur Oberspreestraße zurück, die direkt vor dem Schloß verläuft, biegen in diese nach rechts ein und erreichen nach Überschreiten der Kietzer Brücke rechter Hand die Straße Kietz. Der Weg führt zurück zur Müggelheimer Straße, die man an der Fußgängerampel quert, um der gegenüberliegenden Kietzer Straße bis zur Jägerstraße zu folgen. In diese rechts eingebogen, steht man auf dem Alten Markt. Über die Lüdersstraße und die Straße Freiheit kehren wir zur Dammbrücke und weiter zum Bahnhof Köpenick zurück.

Der Ort liegt heute auf einer, ursprünglich auf zwei benachbarten Inseln im Mündungsbereich der Dahme in die Spree. Ähnlich wie in Spandau entwickelte sich die Stadt auf dem einen Teil der Insel, hier dem nördlichen, im Schutz einer Burg, die den anderen Teil der Insel, hier den südlichen, einnahm.

Köpenick wurde erstmals durch Münzen bekannt, die der slawische Sprewanenfürst Jaxa, der Gegenspieler Albrechts des Bären, um die Mitte des 12. Jahrhunderts dort prägen ließ. Die erste schriftliche Erwähnung des Orts erfolgte im Jahre 1209, als der auf einem Feldzug nach Lebus befindliche Markgraf der Niederlausitz, Konrad II., dort urkundete. 1245 wird ein askanischer Vogt auf der Burg Köpenick erwähnt. Die Stadt Köpenick wurde 1298 Oppidum, 1325 Civitas genannt. Schon 1323 ist Köpenick Mitglied des Mittelmärkischen Städtebundes. Dem Landbuch Kaiser Karl IV. zufolge verfügten die Cives (Bürger) von Köpenick

1375 über Waldbesitz auf dem Teltow und über eine Feldmark von 44 Hufen auf dem Barnim. Im Jahre 1388 erfahren wir, daß sich der Rat der Stadt aus sechs Ratmannen zusammensetzte, die jedes Jahr wechselten. 1386 wurden Stadt und Burg an die Herren von Biederstein verpfändet, zwei Jahre später gingen beide in Berliner Pfandbesitz über. Zwischen 1406 und 1410 besetzte der Raubritter Dietrich von Quitzow Köpenick. Aber schon 1413 gelangte es wieder in fürstlichen Besitz, in die Hand von Friedrich I. von Hohenzollern. Auffällig ist, daß Köpenick, wohl nie von einer Stadtmauer geschützt war. Auch ein Rathaus scheint im Mittelalter nicht vorhanden gewesen zu sein. Das Rathaus ist jüngeren Datums. Wirklich alt ist die Laurentiuskirche. Köpenick als Stadt dürfte somit eine nicht übliche Entwicklung genommen haben, die im Gegensatz zu der Spandaus und der Doppelstadt Berlin-Cölln steht.

Die Anfänge Köpenicks können durch Urkunden kaum erhellt werden. Aus diesem Grunde kommt auch hier den archäologischen Untersuchungen erhöhte Bedeutung zu. Nach eingehender Sammeltätigkeit des Berliner Stadtrats Ernst Friedel im 19. Jahrhundert fand die erste systematische Ausgrabung im Jahre 1938 statt. Umfangreichere Untersuchungen, die in den Jahren 1955–1957 auf der Schloßinsel, in der Altstadt und im Kietz vorgenommen wurden, erbrachten weitere wichtige Ergebnisse. In der Zeit nach der Wende mußten die Archäologen wegen der einsetzenden regen Bautätigkeit erneut auf vielen Grundstücken eingreifen.

Auf dem Wege zur Altstadt, Bahnhofstraße/Ecke Lindenstraße, treffen wir auf ein im vergangenen Jahrhundert errichtetes Schulgebäude. Bevor die Bebauung in diesem Bereich einsetzte, fand man dort einige bronzezeitliche Urnengräber, von denen aber kein Gefäß mehr erhalten ist. Möglicherweise handelte es sich um den Friedhof, auf dem die Bewohner der auf der Schloßinsel entdeckten bronzezeitlichen Siedlung bestattet wurden. Blicken wir von dieser Stelle zurück in nordöstlicher Richtung, so zeigen sich – von Häusern teilweise verdeckt – die Bäume des Bellevue-Parks. Auch dort hat man im 19. Jahrhundert urgeschichtliche Funde gemacht, die auf eine Besiedlung in der Mittleren oder

Jüngeren Steinzeit hinweisen. Unmittelbar vor uns zur Linken verläuft ein alter Arm der heute begradigten Spree mit der Baum-
garteninsel, auf der sich für das 11. und 12. Jahrhundert slawische Besiedlung nachweisen ließ. Wir erreichen auf unserem
Wege nun die Dammbrücke, welche die neuzeitliche Dammvor-
stadt mit der Altstadt verbindet und über die bereits im Mittelalter die Straße nach Berlin führte.

Die Laurentiuskirche

In Alt Köpenick, auf der ehemaligen Schloßstraße angekommen,
fällt als erstes großes Bauwerk auf der linken Seite die Laurentiuskirche auf. Der heutige Bau entstand um die Mitte des 19. Jahrhunderts, doch liegt eine Beschreibung der älteren Kirche vor,
die unter Verwendung noch vorhandener Aufzeichnungen im Jahre 1937 verfaßt wurde. Sie lautet: „Es war eine aus sorgfältig bearbeiteten Granitquadern errichtete, dreischiffige, zunächst turm-
lose Basilika mit Querhaus und gerade geschlossenem Chor.
Neben den noch romanischen rundbogigen Fenstern hatte sie im
Langhaus spitzbogige Arkaden und im ganzen eine flache Bal-
kendecke. Ende des 15. Jahrhunderts erhöhte man die Seiten-
schiffmauern des Langhauses, legte die drei Schiffe in der Art
der Hallenkirche unter ein steiles, gemeinsames Dach und baute
über die Westarkade einen hohen Turm mit spitzem Dachreiter.
Ein gotischer Flügelaltar, ein Triumphkreuz, eine barocke Taufe,
Kanzel und Orgel schmückten den Innenraum des Gotteshauses,
das trotz seiner gediegenen Ausführung im Laufe der Jahrhunderte durch Unterspülung der Fundamente zur Ruine wurde und
in den Jahren 1832–1838 stückweise abgetragen werden mußte. Beim Neubau 1838–1841 benutzte man Steine der alten Kirche zu Fundament und Sockel." Die Kirche wurde erstmals 1487
erwähnt. Über ihr genaues Alter ist nichts bekannt, doch spricht
der eben zitierte Bericht für einen romanischen Bau, zu dem
auch die von der alten Kirche wiederverwendeten, sauber gequaderten Granitsteine des Sockels passen. Derartig bearbeitete
Steinquader weisen auf einen Kirchenbau hin, der vor 1250 entstanden ist. Auch das Laurentiuspatrozinium spricht für ein so

hohes Alter. Nach allem, was wir darüber wissen, kann das Patrozinium des Laurentius aus dem Mittelelberaum oder aus der Altmark nach Köpenick übertragen worden sein. Möglich ist, daß dies im frühen 13. Jahrhundert geschah. Dann wäre darin ein Zusammenhang mit dem Vordringen der Markgrafen von Meißen und der Niederlausitz bis nach Köpenick zu sehen. Zu einer frühen Datierung der Kirche, oder besser gesagt ihres ältesten Vorgängers, passen auch die zugehörigen Gräber, die hier zwischen 1955 und 1957 untersucht werden konnten. Bei den älteren unter ihnen handelt es sich um sarglose Bestattungen, die ihre Entsprechungen unter und neben der Berliner Nikolaikirche sowie der Cöllner Petrikirche haben. Da die Berliner Gräber eindeutig vor 1220, wenn nicht schon vor 1200 angelegt worden sind, erscheint es sicher, daß auch die ältesten Bestattungen bei der Köpenicker Laurentiuskirche mindestens dem ersten Drittel des 13. Jahrhunderts angehören. Das heißt, daß die deutsche Stadt Köpenick eine Meißener Gründung gewesen sein muß.

Das Andersonsche Palais

Nahe der Laurentiuskirche steht, Alt Köpenick 15, ein zum alten Baubestand gehörendes Haus, das zur Zeit von Grund auf restauriert wird, das Andersonsche Palais. Es ist seit kurzem wieder in das Eigentum der Familie Anderson zurückübertragen worden. Das Haus wurde in der zweiten Hälfte des 18. Jahrhunderts für den Köpenicker Hofprediger Aubin erbaut. Später wechselte es den Besitzer und gelangte an die Familie Anderson, die dem Bau den Namen gab. Im Innern befindet sich eine gut erhaltene, sehenswerte Holztreppe, deren Geländer im Stile des Rokkoko geschnitzt ist. Während der Restaurierungsmaßnahmen nahm die Berliner Landesarchäologie die Möglichkeit wahr, im nicht unterkellerten, straßenseitig gelegenen Raum südlich der Tordurchfahrt nach Resten älterer Bebauung zu suchen. Man entdeckte ein mehrfach erneuertes Fachwerkhaus, das in seinen Anfängen offensichtlich bis in das 13. Jahrhundert zurückreicht, wie den aufgefundenen Tongefäßscherben zu entnehmen ist.

Die Alte Stadtapotheke

Auch das gegenüberliegende Haus Alt Köpenick 20 wurde im 18. Jahrhundert errichtet, leider aber in den achtzigerJahren unseres Jahrhunderts schlecht restauriert. Ganz anders verhält es sich mit dem nebenstehenden Haus Nr. 22, der Alten Stadtapotheke. Über die Geschichte dieses im Stile des Barock erbauten Gebäudes erfahren wir aus einer Urkunde vom 7. September 1683, daß Kurfürst Friedrich Wilhelm (Großer Kurfürst) Herrn Neugebauer die Errichtung einer Apotheke zu Köpenick bewilligt. Damals ging es dabei nicht nur um den Vertrieb von Medikamenten, sondern auch um den Zuckerwaren-, Gewürz- und Weinhandel sowie in diesem speziellen Fall um den Bierausschank.

Das Rathaus

Wir erreichen nun das Köpenicker Rathaus, einen mächtigen, gotisierenden Backsteinbau, dessen Kernstück in den Jahren 1901–04 entstand und 1926–27 sowie 1936–39 durch Erweiterungsbauten vergrößert wurde. Obwohl es sich um einen neuzeitlichen Bau handelt, sollte man einen Blick in das Rathaus

Alte Stadtapotheke in Köpenick

werfen und die gleich rechts von der Eingangshalle liegenden Ausstellungsräume besichtigen. Dort wird an die von Carl Zuckmayer festgehaltene und durch die Verfilmung mit Heinz Rühmann noch stärker verbreitete Geschichte des Schusters Wilhelm Voigt erinnert, der kurz nach Fertigstellung des Rathauses in der Uniform eines preußischen Hauptmanns den Untertanengeist im alten Preußen lächerlich machte. Voigt versuchte, sich einen ihm bis dahin verweigerten Paß zu beschaffen und raubte dabei die Rathauskasse. Der Kassentresor, der damals Ort des Geschehens war, ist in die Ausstellung miteinbezogen. Wilhelm Voigt, das sei hier für den eiligen Spaziergänger eingefügt, war damals 57 Jahre alt und hatte davon 27 Jahre im Gefängnis verbracht. Er lernte dort nicht nur Gehorsam kennen, vielmehr führte ihn sein preußisch erzogener Gefängnisdirektor in die Grundzüge militärischer Ordnung ein. All das, was er im Gefängnis erworben hatte, setzte Voigt bei der Verhaftung des Bürgermeisters von Köpenick, bei der Auslieferung der Kasse mit dem Inhalt von 4 000 Mark und 20 Pfennigen und bei der selbstverständlichen Quittierung des Betrags ein. Köpenick wurde durch dieses Ereignis weltberühmt.

Unmittelbar neben dem Rathaus treffen wir auf ein gerade restauriertes Gebäude mit der alten traditionsreichen Gaststätte „Zur Alten Laterne", in der vor Bezug des Ratskellers auch die Köpenicker Ratsherren einkehrten. Wir überqueren nun unter Nutzung der vorhandenen Verkehrsinseln das Ende der Straße Alt Köpenick im Ampelbereich und stehen vor dem Haus Alt Köpenick Nr. 34.

Das Bürgerhaus

Vor dem Einzug der Sparkasse wurde das Haus im Jahre 1993 von Grund auf restauriert. Es empfiehlt sich, das Innere zu besichtigen, denn manch ein wiederentdecktes altes Bauteil ist heute sichtbar gemacht. Solche älteren Architekturelemente aus der Zeit des Barock und des Rokoko befinden sich rechts in der Eingangshalle, im rechten Kassenraum und auch an mehreren

Stellen im Obergeschoß. Man braucht keine Scheu zu haben, diese von der Denkmalpflege in vorbildlicher Weise erhaltenen und sichtbar gemachten Bauteile während des Publikumsverkehrs zu betrachten.

Während der Restaurierung des Gebäudes fanden unmittelbar hinter dem heutigen Haus Ausgrabungen statt. Dabei konnte ein Teil des im Zeitalter der Renaissance errichteten Vorgängerbaus nachgewiesen werden. Es handelt sich um ein Steinfundament. Darüber hinaus fanden sich Reste einer noch älteren Besiedlung aus dem 14. und 13. Jahrhundert; ein Holzbalken stammt aus der Mitte des 13. Jahrhunderts. Seine Datierung war möglich, da die Jahresringe des zu Bauholz verarbeiteten Baums sich gut erhalten hatten und mit Hilfe der Dendrochronologie ausgezählt werden konnten. Damit war das Fälldatum zu errechnen. Die größte Überraschung lieferte aber eine unter diesen Hölzern gefundene und damit eindeutig ältere Bohle, ebenfalls ein Bauholz, die auf das Jahr 1181 mit einem Unsicherheitsfaktor von zehn Jahren nach oben und unten datiert wurde. Was man schon seit längerem vermutete, war nun zur Gewißheit geworden. Die städtische Besiedlung außerhalb der Burg setzte in Köpenick spätestens im letzten Viertel des 12. Jahrhunderts ein, mit großer Wahrscheinlichkeit eben unter der Herrschaft der Markgrafen von Meißen. Sie sind, wie wir wissen, hier 1209 urkundlich eindeutig nachzuweisen.

Beim Ampelübergang überqueren wir nun die Oberspreestraße und stehen bereits am Schloßgraben sowie vor den erhaltenen Gebäuden des Schlosses selbst.

Das Schloß

Das Köpenicker Schloß entstand in seiner heutigen Form in den Jahren 1678–90. Die Bauleitung hatte anfangs Rutger van Langevelt, später Johann Arnold Nering. Nur ein Teil der architektonischen Planung kam aber zur Ausführung, so daß sich die errichteten Gebäude überwiegend auf der rechten Seite des Por-

talbaus befinden. Man sollte in jedem Falle das Innere des Bauwerks aufsuchen, um einen Eindruck von der großzügigen Raum-
gliederung zu erhalten, vor allem aber, um den im zweiten Stock-
werk gelegenen Wappensaal zu besichtigen. Er enthält die Wappen der zur Kurmark gehörenden Länder. Man beachte dort
auch die an der Längsseite erhaltenen Kamine mit dem darüber
angebrachten kurbrandenburgischen Wappen. Hier trat im Jahre
1730 das von König Friedrich Wilhelm I. einberufene Kriegsge-
richt zusammen, um den desertierten Kronprinzen, den späteren
König Friedrich II., und seinen Freund Leutnant von Katte abzuur-
teilen.

Das Schloß beherbergt einen bedeutenden Sammlungsteil des
zur Stiftung Preußischer Kulturbesitz gehörenden Kunstgewerbemuseums. Unter den zahlreichen hochwertigen Ausstellungs-
objekten sei hier nur der aus dem 11. Jahrhundert stammende
Schmuck der Kaiserin Gisela, der Frau von Kaiser Konrad II., erwähnt. Dieser Kaiser war Begründer der Dynastie aus dem Hause
der Salier.

Dem Schloßbau gegenüber steht auf der anderen Hofseite die
1682–85 ebenfalls von Nering errichtete Schloßkapelle mit den
sie seitlich flankierenden Wirtschaftsgebäuden. Das Schloß diente im 18. Jahrhundert meist als Witwensitz der preußischen Köni-
ginnen. Von 1804–06 gelangte es in den Besitz der Grafen von
Schmettau, auf die die Anlage des Parks zurückgeht.

Selbstverständlich hatte der heutige Gebäudekomplex Vorgänger. So wissen wir auf Grund der historischen Überlieferung, daß
Kurfürst Joachim II. hier im Jahre 1558 anstelle einer vorhandenen gotischen Burg ein Renaissanceschloß errichten ließ. Bei der
Erschließung der älteren Geschichte dieses Platzes halfen jedoch
keine historischen Schriftzeugnisse weiter, sondern nur die umfangreichen archäologischen Ausgrabungen. Sie ergaben, daß im
9. Jahrhundert am Südende der Schloßinsel eine kleine runde
Wallanlage von etwa 50 Metern Durchmesser bestand, die die
Archäologen als Burg B bezeichneten (die an gleicher Stelle liegende ältere Burg A gehört in die Bronzezeit). Die Burg B wurde

Wappensaal im Schloß Köpenick

spätestens um 925 durch einen Brand zerstört. Ihr folgt die Burg C, welche in die Zeit 925–1000 datiert und ebenfalls einer Brandkatastrophe zum Opfer fiel. Nach 1000 traten an die Stelle der kleineren Burgen B und C nacheinander mehrere großräumige, befestigte Siedlungen, die man unter dem Begriff Phase D führt. Nachdem die letzte von ihnen während der zweiten Hälfte des 12. Jahrhunderts wiederum durch Feuer zerstört worden war – wahrscheinlich ist dies in der Zeit des bekannten Slawenfürsten Jaxa von Köpenick geschehen –, erfolgte ein Neubau der Burg, aber nur noch im Nordteil des ehemals bewohnten Gebiets. Es entstand dort – vermutlich unter der Herrschaft der Markgrafen von Meißen – die Burg E. Reste einer noch jüngeren Anlage (Burg F) mit Funden, die in die zweite Hälfte des 13. Jahrhunderts weisen, müssen folgerichtig zu der in der Zeit nach 1245 angelegten Burg der brandenburgischen Markgrafen aus dem Hause der Askanier gehören. Sie wird dann von dem schon angesprochenen gotischen Bau abgelöst. Auf die letztgenannten beiden Burgen mögen sich die folgenden schriftlich überlieferten Erwähnungen beziehen, denen zufolge in Köpenick im Jahre 1264 die Markgrafen Johann I. und Otto III. und im Jahre 1349 Markgraf Waldemar weilten. 1375 wird das Schloß im Landbuch Kaiser Karl IV. erwähnt und 1449, 1457 sowie 1482 wiederholt genannt.

Von hier aus kehren wir zur Oberspreestraße zurück und folgen dieser nach rechts über die Kietzer Brücke bis zum Kietz. Bei dem heute sehr schmalen Gewässer unter der Brücke handelt es sich um einen ursprünglich breiteren Dahmearm. Zwischen ihm und der auf der anderen Seite der Schloßinsel fließenden Dahme befanden sich die Burgen in geschützter, strategisch günstiger Lage. Der Burgherr vermochte an keinem Platz besser als an diesem den auf dem Wasserweg abgewickelten Handelsverkehr zu kontrollieren.

Der Kietz

Wenn wir den Köpenicker Kietz betreten, so erhalten wir heute nach umfangreichen Restaurierungsarbeiten einen besonders guten Eindruck von einer Kietzsiedlung. Ursprünglich als Siedlung für die allgemein im Dienste der Burg stehenden Bewohner gedacht, entwickelten sich die Kietze im Laufe der Zeit mehr und mehr zu Fischerdörfern. Man muß aber wissen, daß der Fischfang bis in jüngste Zeit in hohem Ansehen stand und die Fangrechte unmittelbar vom Landesherrn vergeben wurden. Wer aufmerksam durch den Köpenicker Kietz geht, wird bemerken, daß zwischen den Häusern auf der Wasserseite oft noch schmale Wege zum Wasser führen. Sie sollten den Bewohnern der gegenüberliegenden Häuserzeile den Zugang zu ihren Booten ermöglichen. Auf verschiedenen Grundstücken haben Ausgrabungen stattgefunden und archäologische Funde aus verschiedenen Jahrhunderten geliefert. Die ältesten Objekte lassen auf das Vorhandensein der Kietzsiedlung bereits im 13. Jahrhundert schließen. Wie dem Trachtzubehör in Form von Schmuck zu entnehmen ist, handelt es sich bei den Bewohnern wenigstens teilweise um eine einheimische slawische Bevölkerung.

Wir überqueren nun am Ampelübergang die Müggelheimer Straße und folgen der Kietzer Straße, die die Verbindung zwischen dem Kietz und dem Zentrum der Stadt, dem Markt, herstellte. Der Markt liegt nun rechter Hand. Ursprünglich nahm dieser sicher nicht die ganze Fläche des heutigen Alten Marktes ein. Es spricht

Alte Häusersiedlung im Köpenicker Kietz

viel dafür, daß sich sein älterer Kern in dem dreieckigen Teil im Osten zu erkennen gibt. Wir folgen nun der Lüdersstraße und gelangen zur Straße Freiheit.

Die Freiheit

Hier, am nördlichen Rande der Stadt, hatte Kurfürst Friedrich Wilhelm (Großer Kurfürst) neu zuwandernde Kolonisten angesiedelt, um der im Dreißigjährigen Krieg erfolgten Entvölkerung entgegenzuwirken. Sie waren wegen der notwendigen Existenzgründungen, wie wir es heute nennen würden, weitgehend von Abgaben – sprich steuerlichen Lasten – befreit. Sie wohnten und arbeiteten in der sogenannten „Kurfürstlichen Freiheit".

Damit ist der Rundgang beendet. Demjenigen, der noch nicht heimkehren will, ist zu empfehlen, in dem neu eröffneten, im Tag- und Nachtbetrieb arbeitenden Café an der Ecke Freiheit/Alt-Köpenick einzukehren und erst später den Rückweg zum S-Bahnhof Köpenick anzutreten.

Altstadttouren durch Spandau

Die Stadt weist den ältesten städtischen Kern auf dem Berliner Boden auf, wenn Spandau auch in Urkunden des Frühen Mittelalters keine und in solchen des Hohen Mittelalters erst verhältnismäßig spät Erwähnung findet. Für die Geschichte des Orts seien an dieser Stelle nur einige wesentliche historische Nachrichten aufgeführt. Die erste Erwähnung Spandaus erfolgt indirekt in einer Urkunde des Jahres 1197, als in einem Schutzbrief Markgraf Otto II., den er dem Kapitel zu Brandenburg ausstellt, ein Everhardus, advocatus in Spandove, als Zeuge genannt wird. Es besteht kaum ein Zweifel, daß es sich bei ihm um den markgräflichen Burgvogt gehandelt hat, woraus auf das Vorhandensein einer Burg geschlossen werden muß. Auch die nächste Nachricht über Spandau bezieht sich auf einen Burgvogt, Albertus mit Namen. Sie stammt aus dem Jahr 1209. Die Markgrafen Johann I. und Otto III. suchten im Jahre 1229 nach einer verlorenen Schlacht gegen den Erzbischof von Magdeburg im Schloß Spandau Zuflucht. Alle Nachrichten zwischen 1197 und 1229 bezogen sich allein auf die Burg Spandau. Über die Stadt selber erfahren wir zum ersten Male etwas aus der im 15. Jahrhundert erfolgten Abschrift einer Urkunde des Jahres 1232. Damals erhielt Spandau, das also zu diesem Zeitpunkt schon bestanden haben muß, von den beiden markgräflichen Brüdern Johann I. und Otto III. die Genehmigung, eine Flutrinne zu bauen. Weiterhin wurde der Stadt Zollfreiheit gewährt und verfügt, daß die Städte auf dem Teltow, dem Glyn und dem Barnim ihr Recht von Spandau erhalten sollen. Besondere Bedeutung gewann dann das Jahr 1239, in dem dieselben Markgrafen das Spandauer Kloster Benediktiner Jungfrauen gründeten. Im Jahre 1240 wurden den Bürgern von Spandau alle Auflagen, Dienste, Wasser- und Landzoll im gan-

Rekonstruktionszeichnung von Burg und Stadt Spandau im 11. Jahrhundert auf dem Gelände an der Straße Spandauer Burgwall (Zeichnung Max Ley)

zen Lande erlassen, eine Maßnahme, die auf die Zahlungsunfähigkeit der Spandauer zum damaligen Zeitpunkt schließen läßt. Ursache war vermutlich ein großer Stadtbrand.

Spandau war im ersten Viertel des 13. Jahrhunderts offensichtlich ein von den Markgrafen privilegierter wirtschaftlich aufblühender Ort, der seine führende Rolle aber bald an die neue Doppelstadt Berlin-Cölln abtreten mußte. Von dieser Zeit an setzte ein allmählich fortschreitender wirtschaftlicher Niedergang ein. Die Stadt konnte sich nicht weiterentwickeln, die im frühen 13. Jahrhundert erreichten Stadtgrenzen wurden bis in das 19. Jahrhundert nicht mehr überschritten. Ein neuer wirtschaftlicher Aufschwung setzte aber bereits im frühen 18. Jahrhundert ein, als Spandau unter König Friedrich Wilhelm I. Garnisonsstadt wurde.

ERSTER SPAZIERGANG DURCH
DAS „ALTE" SPANDAU

Vom U-Bahnhof (U 7) Rathaus Spandau fährt man mit dem Bus 131, 134, 137 oder 331 zwei Stationen in Richtung Süden bis zur Klosterstraße/Ecke Seeburger Straße, folgt der Klosterstraße in Fahrtrichtung bis zur Pichelsdorfer Straße, biegt in diese ein und erreicht linker Hand gleich die Straße Spandauer Burgwall. Der Weg führt weiter über das Schiffahrtsufer bis zur Sedanstraße zur Klosterstraße, dieser nach rechts folgend zum Rathaus Spandau und von dort in Richtung auf die Havel über den Stabholzgarten und die Mauerstraße entlang dem Lindenufer zur Kammerstraße. Der Weg endet auf dem Reformationsplatz.

Der Spandauer Burgwall

Der Burgwall wird als „Borgwall" erstmals in einer Urkunde des Jahres 1340 erwähnt. Er lag auf einer Havel-Insel. Hatte man bis zum Beginn der archäologischen Ausgrabungen im Jahre 1961 an dieser Stelle mit einer kleineren slawischen Burg aus dem 10.–12. Jahrhundert gerechnet, so stellte sich bald heraus, daß es sich um den Vorgänger der heutigen Stadt Spandau handelte. Neben einer Burg war hier eine Burgstadt entstanden; beide reichten bis in das 8. Jahrhundert zurück und wurden zu Ende des 12. Jahrhunderts endgültig aufgegeben. Die deutschen Markgrafen von Brandenburg verlegten die Burg auf das Gelände der heutigen Zitadelle; die Stadt entstand neu im Bereich des heutigen Altstadtkerns.

Bei den Ausgrabungen konnten Bauphasen von acht übereinanderliegenden und zeitlich nachfolgenden Burg- und teilweise auch Stadtanlagen nachgewiesen werden. Reiche Fundstücke, die häufig als Importe von weit her nach Spandau gelangten, weisen den Ort vom 8. bis zum 13. Jahrhundert als eine Drehscheibe des Verkehrs im Fernhandelsnetz Mitteleuropas aus. Beim Bau der Zitadelle im 16. Jahrhundert wurde die zur älteren Burg gehörende Dienstsiedlung, der Kietz, dort geräumt und ihre

Bewohner um 1560 auf dem Burgwall angesiedelt. Das auf dem Burgwall neu entstandene Fischerdorf (Vorgänger des Tiefwerder) mußte nach seiner gewaltsamen Zerstörung im Jahre 1813 (Belagerung Spandaus durch preußische Truppen) aufgegeben werden. An der Straße Spandauer Burgwall/Ecke Krowelstraße befinden wir uns am westlichen Havelufer, auf dem sich zur Burgwallzeit eine kleine, leicht befestigte Vorstadt (Suburbium) befand. Sie hatte die Aufgabe, den Zugang zur Brücke über die Havel zu sichern. Im Zentrum der heutigen Straßenkreuzung Krowelstraße, Straßburger Straße und Spandauer Burgwall lag eine um 1140 errichtete kleine zweischiffige Holzkirche. Nach 1157 veranlaßten die Brandenburgischen Markgrafen die Beseitigung der Häuser des Suburbiums, ausgenommen die Kirche. Um sie herum entstand ein christlicher Friedhof, von dem etwa 80 Bestattungen der Burgwallbevölkerung aus der zweiten Hälfte des 12. Jahrhunderts geborgen werden konnten. Man folgt nun der Straße Spandauer Burgwall und überquert sogleich den westlichsten von drei alten Havelarmen. Er ist als flache Senke erkennbar und wird durch den schmalen Burgwallgraben markiert. Die Straße knickt auf der ehemaligen Burgwallinsel nach Südosten ab. Auf den Grundstücken Spandauer Burgwall 12–14, 13, 15 und 16 befand sich die anfangs schwach befestigte, später mit hohen Holz-Erde-Mauern versehene Burg. Mit dem Festland war sie durch eine Holzbrücke verbunden. Auf dem folgenden Grundstück, Burgwall 17, entdeckte man 1983/84 die älteste bisher bekannt gewordene Kirche zwischen Elbe und Oder aus dem 10. Jahrhundert. Bei ihr handelt es sich um einen hölzernen, etwa 12 Meter langen und 7 Meter breiten Saalbau. Die Kirche wurde vermutlich um 980 geweiht und schon 983 zerstört. Bevor das Bauwerk errichtet wurde, stand an gleicher Stelle ein kleiner heidnischer Holztempel. In dessen Innenraum fand sich eine „heilige Lanze", von dieser allerdings nur die eiserne Spitze. Nach zeitgenössischer Überlieferung spielten solche Lanzen im Kult eine wichtige Rolle. Das kleine Heiligtum wurde beseitigt und von der christlichen Kirche überbaut. Im 11. Jahrhundert entstand im Bereich der ehemaligen Kirche ein palastartiges Holzgebäude von mehr als 18 Metern Länge. Dazu gehörten Werkstätten von Gold- und Silberschmieden sowie ein Dampfbad.

Der Kirche schräg gegenüber gruben die Archäologen auf dem Grundstück Burgwall 20 ein Stadttor aus Holz, Häuser und holzbelegte Straßen und Plätze aus dem 8. und 9. Jahrhundert aus. Sie lagen unter Bauwerken jüngerer Zeitabschnitte. Die Burgstadt Spandau endete im Südosten bei den Grundstücken 26 und 27. Auf dem Grundstück Burgwall 23 befand sich das östliche Stadttor. Vor ihm lag bis um 1100 ein Hafen. Nach dessen Zuschüttung schlug man im 12. Jahrhundert eine Holzbrücke nunmehr auch über den östlichen Havelarm, der sich hier bereits mit einem mittleren Havellauf vereinigt hatte. Mit Hilfe dieser Brücke war nun endlich eine feste Landverbindung über das gesamte Flußsystem der Havel hergestellt.

Wir wenden uns jetzt über eine kleine Privatstraße (vor dem Grundstück Burgwall 23) scharf nach Osten und erreichen die heutige Havel. Bei ihr handelt es sich um ein kanalisiertes Stück, das in den Jahren 1906–1910 durch ehemaliges Festland getrieben worden ist. Unserem Standort schräg gegenüber sieht man den Schlangengraben, zeitweilig der südlichste von mehreren ehemaligen Spreezuflüssen. Auf ihm verlief zur Burgwallzeit der Wasserweg in östlicher Richtung nach Köpenick. Nahe dem Havelufer stehen drei alte Birken. Sie markieren das einstige östliche Ufer der Havel. Auf dem eingezäunten Grundstück zwischen Birken und heutiger Havel fand man bei Ausgrabungen eine weitere kleine Vorstadt, die den östlichen Brückenzugang schützen sollte. Wenden wir unser Augenmerk noch einmal rückwärts, so blickt man auf das eingezäunte Grundstück Burgwall 23. Dort konnten in den Jahren 1991/92 nochmals wichtige Aufschlüsse gewonnen werden. Im Jahre 1107 hatten fremde Reiterkrieger einen Angriff über die Brücke gegen die Stadt geführt. Dabei stürzte einer der Angreifer vom Pferd, blieb mit den Füßen im Schlamm stecken und hinterließ seine ledernen Halbstiefel samt der vergoldeten Sporen und Riemenschnallen. Nicht weit davon fand sich der vergoldete Beschlag seines Schildes. Der Reiter war ein vornehmer Skandinavier, wie wir seiner Ausstattung entnehmen können. In eine spätere Zeit gehört der Inhalt eines zugefüllten Wassergrabens, dessen Anlage bald nach 1560 erfolgte, um die Boote der hier inzwischen angesiedelten Fischer

von der Havel her durch die breite verlandete Uferzone mög-
lichst nah an das Wohnhaus heranzuführen. Dieser Graben wurde während der ersten Hälfte des 18. Jahrhunderts mit einem
ganzen Hausstand – Tongefäße, Ofenkacheln, Glaspokale etc. –
zugefüllt. Der Inhalt zeigt uns in einmaliger Weise, mit welchen
Gegenständen ein Fischerhaus damals ausgestattet war. Er deu-
tet uns den Wohlstand dieses Fischers an. Eine Auswahl der
Burgwallfunde ist im stadtgeschichtlichen Museum auf der Zitadelle Spandau (Zeughaus) zu sehen.

Wir folgen dem Havelufer und passieren linker Hand einen Sport-
platz. Er liegt auf einer – dem Burgwall benachbarten – weiteren, alten Havel-Insel. Funde weisen auf das Vorhandensein einer
Siedlung während des 9. bis 12. Jahrhunderts hin, die zum Burg-
wallbereich gehörte. Weiter führt der Weg über das Schiffahrtsufer bis zur Sedanstraße. Auf der linken Seite sieht man eine
architektonisch interessante Wohnanlage, die 1984 fertiggestellt
wurde. Südlich der Sedanstraße, im Bereich zwischen Klosterstraße und Straßburger Straße, hat das oben erwähnte, 1239 gegründete, älteste Nonnenkloster der Mark Brandenburg gelegen.

Das Benediktinerinnenkloster

Das Kloster, von den Markgrafen Johann I. und Otto III. gestiftet,
wurde sogleich reich mit Ländereien ausgestattet. Da die Non-
nen aus namhaften Familien des märkischen Adels stammten,
mehrte sich der Besitz des Klosters zunehmend. Im Jahre 1590
gehörten ihm zehn Dörfer: Falkenhagen, Gatow, Kladow, Lank-
witz, Lietzow (heute Charlottenburg), Lübars, Rohrbeck, Seeburg, Tegel und Dalldorf (heute Wittenau). Nach der Reformation
kam es am 27. April 1541 zu einer Vereinbarung zwischen dem
Kloster und dem Kurfürsten von Brandenburg, Joachim II., nach
der die Jungfrauen die neue Kirchenordnung anerkennen sollten.
Das Kloster wurde somit nicht unmittelbar aufgelöst. Dies geschah erst im Jahre 1258. Im Jahre 1639 wurden schließlich
sämtliche Gebäude des alten Klosters abgetragen, wobei vermutlich auch die Fundamente beseitigt worden sind. Dies ist der

Grund dafür, daß wir zur Zeit nichts über die genaue Lage aussagen können. Lediglich der zum Kloster gehörende Wirtschaftshof (Klosterhof) hat sich bis in das späte 19. Jahrhundert nördlich der Sedanstraße als Gut erhalten. Von der Sedanstraße folgen wir der Klosterstraße in Richtung Altstadt über die große Straßenkreuzung, unter der Bahn hindurch zum Rathaus.

Die Hospitäler zum Heiligen Geist und zum Heiligen Georg

Wie in Berlin waren auch in Spandau die zwei mittelalterlichen Hospitäler dem Heiligen Geist und dem heiligen Georg geweiht. In Spandau lagen sie einander gegenüber, vor dem Klostertor an der Ausfallstraße nach Süden. Das Heilige Geist-Hospital wurde im Jahre 1244 gestiftet, um, wie es heißt, Fremde, Arme, Reisende und Kranke aufzunehmen. Seine Gebäude fielen im Jahre 1638 den neu zu errichtenden Bastionen der Stadtbefestigung zum Opfer. Jedoch wurden damals die Fundamente überschüttet, so daß ein Teil von ihnen bei der Erweiterung der Bahnunterführung Klosterstraße kurzfristig wieder freigelegt werden konnte. Von dem zugehörigen Friedhof ließen sich einzelne Gräber beim Bau der Postgebäude vor der Bahnunterführung nachweisen. Das St. Georgen-Hospital wird erstmals im Jahre 1307, damals noch als Lazarus-Hospital, genannt. Seine Lage läßt sich nur erschließen. Vermutlich standen die zugehörigen Gebäude im Bereich der Segefelder Straße. Der Hospitalfriedhof ließ sich auf dem Gelände des Güterbahnhofs zwischen Bahn und Brunsbütteler Damm nachweisen.

Das Rathaus Spandau steht am Platz der abgetragenen Bastion I der alten Stadtbefestigung aus dem 17. Jahrhundert. Wir gehen nun über die Straße Stabholzgarten, deren Name an den einstmaligen Lagerplatz für das Salztonnenholz (Stabholz) erinnert, der sich hier bis zum Jahre 1749 befand. Wir erreichen die Straße am Wall. Auf der rechten Seite ist eine alte Wasserstauanlage, der Batardeau.

Der Batardeau

Er wurde in den Jahren 1841–1847 errichtet, als die Altstadt neu befestigt wurde. Es handelt sich um ein Werk der Wassertechnik im Festungsbau, ähnlich wie der Wusterhausener Bär in Berlin, das den Wasserstand in den Festungsgräben regulierte. Die Anlage besteht aus einem langgestreckten Gebäude mit Satteldach, in das ein rundes Türmchen, „Bär" genannt, einbezogen ist und einer quer dazu gestellten Mauer. In ihr befindet sich der Wasserdurchlaß. Wir überschreiten die Wallbrücke über den Mühlengraben, bei dem es sich um den alten Stadtgraben handelt, und gelangen zur Mauerstraße.

Die Alte Stadtbefestigung

Auf dem Grundstück Mauerstraße 10 befindet sich heute ein Parkhaus. Nach Abriß der kriegszerstörten älteren Bebauung haben dort Ausgrabungen stattgefunden. Sie führten zu wichtigen Erkenntnissen. Es zeigte sich nämlich, daß Bebauung aus

Die alte Wasserstauanlage, der Batardeau in Spandau

dem 12. bis 16. Jahrhundert dort überhaupt nicht vorliegt; das Gelände war gärtnerisch genutzt. Allerdings gelang es zur Havel hin, die älteste Spandauer Stadtbefestigung zu entdecken. Sie verlief innerhalb des Mauerrings, der erst im ausgehenden 13. und beginnenden 14. Jahrhundert angelegt wurde, und bestand aus einem kleinen Wall mit aufgesetzter Holzpalisade und zwei davorgelegten Spitzgräben. Sie datiert in die Zeit 1200 und wurde kurz nach 1240 durch eine gleichartige jüngere ersetzt. Wichtig für die Forschung war dabei die Erkenntnis, daß Spandau nach der Verlegung der Stadt vom Burgwall auf die Altstadtinsel am Ende des 12. Jahrhunderts von Beginn an in seinen späteren Ausmaßen geplant und angelegt wurde.

Wir folgen nun dem Lindenufer bis zur Kammerstraße und kommen auf diesem Wege an der Charlottenbrücke vorbei. Sie steht an der Stelle der ehemaligen Stresowbrücke.

Die Stresowbrücke

Der alte Havelübergang zwischen Altstadt Spandau und dem auf der anderen Havelseite liegenden Stadtteil Stresow erfolgte über eine Holzbrücke, die vermutlich seit 1386 vorhanden war, denn damals wurde bereits das Stresowtor am Havelufer erwähnt. Aber erst seit der Zeit Friedrich Wilhelm I. verlief über diese Brücke auch die Hauptstraße nach Berlin, die vorher nördlich der Spree über die Zitadelle führte. Eine erste eiserne Brücke wurde erst 1886 fertiggestellt. Der Namenswechsel von Stresowbrücke zu Charlottenbrücke erfolgte bereits Mitte des 18. Jahrhunderts. Die heute bestehende Brücke entstand in den Jahren 1926 bis 1929.

Auf dem Weg zur Kammerstraße kommen wir an der Wasserstraße vorbei, die früher den Namen Wassertorstraße führte. Hier befand sich im Mittelalter ein Tor, ohne daß an dieser Stelle eine Brücke über die Havel führte. Es ist zu vermuten, daß der Durchlaß den Zugang zum ehemaligen Hafen gewährleisten sollte. Archäologisch nachgewiesen ist dies allerdings noch nicht.

Die Stadtmauer

Das Grundstück Kammerstraße/Ecke Fischerstraße stand im Jahre 1974 im Mittelpunkt wichtiger archäologischer Untersuchungen. Dort konnte ein Stück Stadtbefestigung freigelegt werden, das zeitgleich mit der jüngeren Befestigung am Lindenufer/Ecke Mauerstraße errichtet worden ist, nämlich um oder nach 1240. Soweit feststellbar, besteht auch in der Kammerstraße der zum Wasser hin – also havelseits errichtete Teil der Befestigung – aus einer Palisade mit vorgelegtem Graben. Bei dem im rechten Winkel dazu in nordwestlicher Richtung über die Altstadtinsel verlaufenden Teil handelt es sich hingegen um eine Holz-Erde-Mauer von etwa 3 Meter Breite. Ihre Vorderfront war mit Lehm verputzt und zusätzlich von einem Spitzgraben geschützt. Für die Anlage verwendete man angekohlte Bauhölzer, die vermutlich von dem Spandauer Stadtbrand des Jahres 1239 oder 1240 stammten. Vor kurzem erfolgte ihre Datierung mit Hilfe der Dendrochronologie (Jahresringforschung). Danach wurden die Bäume, aus denen die bearbeiteten Balken gewonnen worden waren, in der Zeit von 1208 bis 1210 gefällt. Rechter Hand, auf der anderen Seite der Kammerstraße am Lindenufer, befand sich bis zum Jahre 1938 die 1895 geweihte jüdische Synagoge, die 1938 in der Reichspogromnacht zerstört wurde.

Stadtmauer am Hohen Steinweg in Spandau

Mönchstraße und Reformationsplatz

Nach Überschreiten der Breite Straße gelangen wir in die Mönchstraße. Sie führt ihren Namen nach der hier gelegenen Terminey der Berliner Dominikanermönche. Eine Terminey bezeichnet ein klösterliches Gebäude, in dem sich Bettelmönche, wie die Dominikaner, außerhalb ihres Klosters in anderen Städten zeitweilig aufhalten konnten, um Almosen zu erbitten. Vor dem Wiederaufbau der Häuser im Mönchstraßenbereich fand man bei Ausgrabungen mehrere aus Holz gebaute, kleine Wohnhäuser, die bereits um und bald nach 1200 errichtet worden waren, aber um 1240 dem großen Stadtbrand zum Opfer fielen. Mitten durch die Brandreste hatte man zu dieser Zeit einen Spitzgraben gezogen, der zu Ende des 13. Jahrhunderts wieder gefüllt wurde. Aus dem 13. bis 14. Jahrhundert stammt der restaurierte Feldsteinbrunnen gegenüber dem kleinen Treppenaufgang mit dem Denkmal des Freiherrn vom Stein. Links von dieser Treppe steht ein gelblich verputzter Neubau (Reformationsplatz 3–4), der sowohl zur Mönchstraße hin als auch zum Reformationsplatz im Erdgeschoß große Fenster aufweist. Durch diese erhält man Einblick in das Kellergeschoß, in dem die bei Errichtung des modernen Gebäudes entdeckten Mauerreste eines Dominikanerklosters konserviert worden sind. Man beachte zunächst die nur von außen sichtbaren Rekonstruktionszeichnungen an den Wänden, ein Versuch, den Grabungsbefund für den Laien verständlich zu machen. Auf der Seite der Mönchstraße sind der ergrabene Grundriß der Anlage und seine Rekonstruktion zu sehen; vom Reformationsplatz aus ein später im 18. Jahrhundert angelegter Brunnen, der zeichnerisch rekonstruiert wurde. Die Mauerreste hatte man unter dem Kellerfußboden des aus dem 16. Jahrhundert stammenden und im Zweiten Weltkrieg durch Bomben zerstörten Hauses entdeckt. Nachdem die historische Bedeutung des Befundes erkannt worden war, entschloß man sich, die Planung des Neubaus zu verändern und das Kellergeschoß als ein archäologisches Reservat zu gestalten. Die Feldsteinfundamente des ehemaligen Gebäudes messen in der Breite 7 Meter, ihre Längsmaße sind nicht voll erfaßt, da sie über die Baugrube hinausreichten. Bei einer Untersuchung im Keller des Hauses Reformationsplatz 2 gelang es jedoch, das östliche Ende zu finden. Insgesamt muß der Bau mehr als 40 Meter lang gewesen sein. Die in den Fundamentgräben der Mauern vorhandenen Scherben von Tongefäßen machen deutlich, daß dieser Flügel des Klosters vor 1240 erbaut wurde und nach seiner Zerstörung durch den Spandauer Stadtbrand umgebaut worden ist. Aus diesem Kloster ist nach seiner Verlegung nach Cölln an der Spree die spätere historisch überlieferte Dominikaner-Terminey hervorgegangen. Das Spandauer Kloster dürfte dem archäologischen Befund zufolge um 1230 oder kurz danach gegründet worden sein.

Der ältere Bau aus der Zeit vor 1240 war klar gegliedert. Er bestand aus drei nebeneinander angeordneten Räumen, die mit Hilfe einer Fußbodenheizung erwärmt werden konnten. Den zentralen Raum betrat man von der Mönchstraße durch ein frühgotisches Doppelportal. Gegenüber führte eine kleine Pforte auf den Klosterhof, vielleicht in den allerdings nicht nachgewiesenen Kreuzgang zu der damals schon vorhandenen Nikolaikirche. Beachtet man die allgemeinen Regeln der Klosterarchitektur, so kann kein Zweifel daran bestehen, daß wir es bei diesem Raum mit dem Refektorium (Speiseraum der Mönche) zu tun haben. Die ebenfalls beheizbaren Nachbarräume können dann nur Küche und Calefaktorium (Wärmeraum der Mönche) gewesen sein. In der zweiten Bauphase dieses Gebäudes setzte man nach 1240 das Hauptportal an der Mönchsgasse zu. Der Eingang war nun wegen des oben erwähnten, nach dem Stadtbrand ausgehobenen und unmittelbar vor dem Portal verlaufenden Spitzgrabens überflüssig geworden. Wie man dem konservierten Befund entnehmen kann, standen die Fundamente des Klostergebäudes teilweise auf den Gräbern des damals schon vorhandenen Nikolai-Friedhofs. Ältere Bestattungen wurden dabei teilweise auch zerstört. Der den Toten hier und da mit ins Grab gelegte Schmuck macht deutlich, daß die älteste Spandauer Bevölkerung wohl zu ihrem überwiegenden Teil vom Burgwall stammt und zum slawischen Volkstum gehörte. Diese Erkenntnis verdanken wir auch den vergleichenden anthropologischen Untersuchungen an den Skeletten des Friedhofs am Burgwall und des Nikolai-Friedhofs. Es stellte sich dabei heraus, daß sich in den jüngsten Gräbern

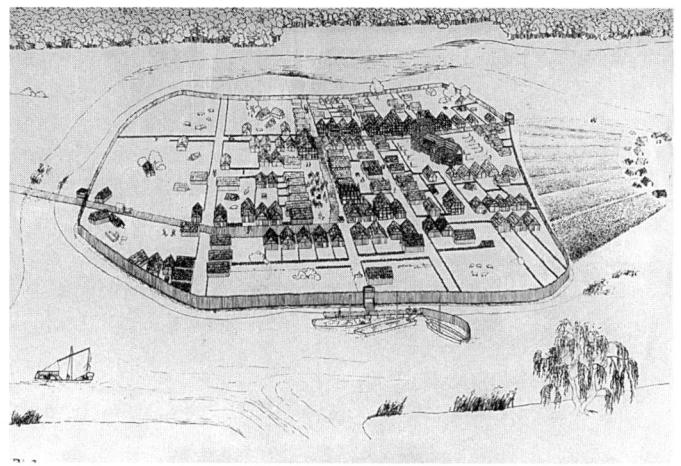

Rekonstruktionszeichnung der Stadt Spandau am Anfang des 13. Jahrhunderts, heutige Altstadt (Zeichnung D. Lorentz)

am Burgwall nur alte Menschen und Kleinkinder fanden, während die ältesten Bestattungen am Reformationsplatz 3–4 die Skelette einer arbeitsfähigen Bevölkerung enthielten. Offensichtlich haben sich zunächst nur jüngere Menschen in die neu aufzubauende Stadt begeben, und erst nach einer gewissen Zeit folgten ihre Kinder mit den Großeltern. Weiterhin ließ sich belegen, daß am Ende des 12. Jahrhunderts ein Überfall auf den gerade aufblühenden Ort stattgefunden hat, dem viele Bewohner zum Opfer gefallen waren. Schlagmarken von Keule und Schwert an den Schädeln sowie abgehackte Gliedmaßen zeugen davon. Die Südfront der Klosteranlage ist archäologisch belegt, die Ostfront können wir nur erschließen.

Am Reformationsplatz 5 steht das alte Schulgebäude der in den Jahren 1874–1875 erbauten Höheren und Mittleren Töchterschule. Sie kann auf eine alte Tradition zurückgreifen, denn schon im frühen 14. Jahrhundert stand an gleicher Stelle die Spandauer Stadtschule. Aufgrund der geschilderten archäologischen Forschungsergebnisse darf man heute annehmen, daß die Stadtschule an eine Dominikanerklosterschule anknüpft. Vermutlich ist das Kloster in der zweiten Hälfte des 13. Jahrhunderts nach

Cölln an der Spree verlegt worden, doch gaben die Mönche die Spandauer Gebäude nicht vollständig auf (Terminey). Bei Einführung der Reformation in der Mark Brandenburg wurde das Terminierhaus der Dominikanermönche in Spandau vom Rat der Stadt aufgekauft. Da es baufällig war, mußte es abgetragen werden, und an seiner Stelle entstand zunächst ein Bürgerhaus. Im 18. Jahrhundert wurde dieses und andere Bauwerke rings um die Nikolaikirche von Bediensteten der Stadt und der Kirche bewohnt. Das sogenannte Offiziantenhaus (Reformationsplatz 2) gehört dazu und stammt in seinem heutigen Zustand aus dem Jahre 1813. In ihm lebte im 18. Jahrhundert der bekannte Spandauer Arzt Ernst Ludwig Heim.

Hier endet der Rundgang. Über die Carl-Schurz-Straße gelangt man zum U-Bahnhof Rathaus Spandau, in entgegengesetzter Richtung über die Breite Straße zum U-Bahnhof Altstadt.

ZWEITER SPAZIERGANG DURCH
DAS „ALTE" SPANDAU

Von der U-Bahnstation Altstadt Spandau (U7) führt der Weg zum Reformationsplatz, weiter zur Havelstraße und über die Breite Straße zum Markt. Von dort gehen wir über die Carl-Schurz-Straße in Richtung Süden bis zur Charlottenstraße, folgen dieser in westlicher Richtung und gelangen über die Kinkelstraße zur Straße am Juliusturm. Am Ampelübergang in Höhe der Carl-Schurz-Straße überqueren wir die Straße am Juliusturm und gelangen über die Straßen Hoher Steinweg, Möllentordamm und Behnitz wieder zur Straße am Juliusturm. Dieser folgt man in östlicher Richtung über die Juliusturmbrücke, um kurz danach linker Hand die Zitadelle zu erreichen.

Die Nikolaikirche

Auf dem Reformationsplatz steht die einzige erhaltene mittelalterliche Pfarrkirche Spandaus, die Nikolaikirche. Sie wurde im Jahre 1240 erstmals urkundlich erwähnt, und zwar als „Ecclesia forensis" (Marktkirche). Wir dürfen daraus schließen, daß sich der Markt von Spandau nach 1200 zunächst nicht im Bereich des späteren Markts befand, sondern bei dieser Kirche.

Der heutige Bau wurde aufgrund bau- und kunsthistorischer Kriterien traditionell dem Anfang oder der Mitte des 15. Jahrhunderts zugewiesen. Im Jahre 1992 hat man jedoch Holzproben aus dem Dachstuhl entnommen, um sie mit Hilfe der Dendrochronologie zu datieren. Für die Errichtung des Dachstuhls ergab sich dabei eine Zeit um 1380 und damit eine um etwa 50 Jahre frühere Datierung der heute vorhandenen Nikolaikirche. Bei ihr handelt es sich um eine dreischiffige Hallenkirche mit Feldsteinfundament, Ziegelmauerwerk und polygonalem Chorumgang. Der wuchtige Westturm wurde erst 1468 vollendet. Doch darf man aus dem sauber gequaderten Feldsteinmauerwerk des Sockels schließen, daß sein unterer Teil bereits zu einer älteren Kirche aus der Zeit um 1240 gehört. Dann kann man schon erkennen, daß im Bereich des Reformationsplatzes mit der Urzelle der „Neustadt" (die Altstadt lag auf dem Gelände des Burgwalls) zu rechnen ist.

Die vier Joche der Mittel- und der Seitenschiffe weisen Kreuzrippengewölbe auf, der Chor Sterngewölbe. Den schönen Renaissancealtar im Zentrum des Chors stiftete im Jahre 1582 einer der Erbauer der Zitadelle, Rochus Graf Lynar. In der Mitte findet sich die Darstellung des Abendmahls. Die Seitenfelder enthalten die Stifterbilder, das linke Graf Lynar mit seinen Söhnen, das rechte die Gräfin Anna mit ihren Töchtern. Unter dem Altar befindet sich die Gruft der Familie Lynar. Hinter dem Altar steht das ursprünglich im Eingang der Kirche aufgestellte Taufbecken aus dem Jahre 1398, das von den vier Evangelisten getragen wird. Außerhalb der Familiengruft der Lynars wurden im Innern der Kirche zahlreiche Spandauer Persönlichkeiten bestattet, von denen heute noch mehrere Epitaphien (Gedenksteine) künden. In der Nordkapelle wurden seit 1647 die Angehörigen der havelländischen Familie von Ribbek beigesetzt. An der Südseite des Kirchenschiffs wurden bei Ausgrabungen weitere Familiengrüfte entdeckt. Eine von ihnen diente der Familie von Zitzewitz, deren männliche Angehörige während des 18. Jahrhunderts in Spandau Militärdienst leisteten, als Grablege.

Vor dem Zweiten Weltkrieg und zu Beginn des Kriegs wurden im Innern der Kirche bauhistorische Forschungen von Albert Ludewig durchgeführt, die mit Ausgrabungen verbunden waren. Sie gaben Hinweise auf einen Vorgängerbau, vermutlich in Form einer romanischen Basilika. Deren genaue Datierung ist bis heute unklar. Offensichtlich hatte aber auch diese einen noch älteren Vorgänger. Ludewig stieß in der Nähe des Altars auf die Reste einer kleineren Kirche von etwa 8,40 Meter Breite und 14 Meter Länge. Bei ihr dürfte es sich um einen Bau handeln, der um 1200 errichtet worden war. Um die Nikolaikirche war schon vor 1200 ein Friedhof angelegt worden, dessen älteste Bestattungen bei den Ausgrabungen des Dominikanerklosterflügels am Reformationsplatz 3–4 genauestens erfaßt wurden. Der Friedhof mußte im Jahre 1750 endgültig aufgegeben werden. An seine

Stelle trat ein Exerzierplatz für die Spandauer Garnison. Vor dem Westportal der Kirche steht das Bronzedenkmal des Kurfürsten Joachim II. Es soll daran erinnern, daß er im Jahre 1539 angeblich in der Nikolaikirche zu Spandau durch seinen Übertritt zum evangelischen Glauben die Reformation in der Mark Brandenburg eingeleitet hat. Das Denkmal hatte man 1889 aufgestellt.

Das mittelalterliche Bürgerhaus in der Carl-Schurz-Straße 49

Unmittelbar gegenüber der Nikolaikirche stand früher das 1855 erbaute Amtsgericht, das im Zweiten Weltkrieg ausbrannte. Im Jahre 1950 erfolgte der Abriß der Ruine, die Kellerräume wurden jedoch im Boden belassen und verfüllt. Während dieser Arbeiten stellte Albert Ludewig fest, daß sich unter dem Amtsgericht ein älterer Bau befand, der giebelseitig zur Carl-Schurz-Straße gestanden hat. Er meinte damals, das Untergeschoß des 1437 erst- und letztmals erwähnten „Rathüsekin op dem Kerkhof" entdeckt zu haben. Das genannte Rathüsekin muß mit dem ältesten Spandauer Rathaus identisch sein. Es war, wie wir der schriftlichen Überlieferung entnehmen können, zu klein geworden, so daß man seit 1434 bereits das alte „Kophus" (Kaufhaus) am heutigen Alten Markt zum neuen Rathaus umbaute. Im Winter 1987/88 fanden im Rahmen der Wiederbebauung des Grundstücks nochmals archäologische Untersuchungen in dem mit Schutt verfüllten Kellergeschoß statt. Eine endgültige Klärung der Frage, ob es sich bei den ältesten Bauteilen möglicherweise um Reste des alten Rathauses handelt, konnte nicht herbeigeführt werden. Sicher ist, daß das Grundstück zwischen 1464 und 1478 im Eigentum des Spandauer Patriziers Claus Hönow stand. Wegen seiner denkmalpflegerischen Bedeutung wurde das Kellergeschoß erhalten und durch das darüber errichtete Wohn- und Geschäftshaus überbaut. Heute befindet sich in den Kellerräumen eine ständige Ausstellung zur Spandauer Baugeschichte. Von hier aus schreiten wir um die Kirche herum, an deren Nordseite ein im Jahre 1816 von Karl Friedrich Schinkel entworfenes Kriegerdenkmal steht.

Das Kriegerdenkmal

Das Denkmal erinnert an die Gefallenen der Freiheitskriege. Gerade an Spandau sind die Kämpfe, besonders des Jahres 1813, nicht spurlos vorübergegangen. Damals wurden in dem teilweise noch von den Franzosen besetzten und von den Preußen belagerten Spandau zahlreiche Gebäude und die Nikolaikirche zerstört. Von hier erreichen wir über die Havelstraße die Breite Straße und folgen dieser in südwestlicher Richtung bis zum Markt.

Die Breite Straße

Die Häuser in der Breiten Straße sind wie die gesamte Altstadt durch Bomben stark zerstört worden. Dennoch haben sich erstaunlich viele ältere Bauten – wenigstens in ihren Kellergeschossen – erhalten. Aufgrund des Straßennamens muß angenommen werden, daß es sich um die Hauptgeschäftsstraße der Stadt gehandelt hat. Darauf deuten auch Grabungsbefunde hin, die einen schon im späten 13. Jahrhundert vorhandenen Holzbohlenbelag nachweisen.

Unmittelbar an der Zusammenführung von Havelstraße und Breite Straße steht in der Breiten Straße 43 ein 1813 abgebranntes, danach aber im alten Stil wiederaufgebautes Bürgerhaus. Es schließen sich auf der gleichen Straßenseite die um 1820 erbauten und 1870 mit neuen Fassaden versehenen Häuser 44 und 45 an, deren Erdgeschosse leider durch moderne Geschäftslokale stark verändert worden sind. Auf der östlichen Straßenseite befindet sich das Grundstück Breite Straße 35. Man sollte hier einen Blick auf den Innenhof werfen, der ein typisches Bild des 19. Jahrhunderts bietet. Daß es sich dabei offensichtlich um eine Anlage handelt, die weit ins Mittelalter zurückreicht, geht aus der Bebauung hervor, vor allem aber aus der Lage des mittelalterlichen Brunnens fast im Zentrum des Hofs. Dieser stammt aus dem 13. und 14. Jahrhundert. Er wurde 1979 ausgegraben und anschließend konserviert, wobei der obere Steinkranz ergänzt werden mußte.

In der Breiten Straße 32 befindet sich das älteste weitgehend erhaltene Bürgerhaus nicht nur Spandaus, sondern ganz Berlins. Sein heutiges Aussehen verdankt das Haus dem Wiederaufbau nach den Zerstörungen des Jahres 1813. Es steht nun mit der Traufseite zur Straße. Umfangreiche baugeschichtliche und archäologische Untersuchungen, die ihren Abschluß erst vor wenigen Jahren fanden, brachten jedoch Licht in die nahezu siebenhundertjährige Geschichte des Bauwerks und seiner Vorgänger. Das noch erhaltene Mauerwerk enthält wesentliche Teile, die in das beginnende 16. Jahrhundert zurückreichen. Es sind dies gotische Fenster- und Türbögen mit Formsteinen im Erd- und Obergeschoß und besonders ein gut erhaltenes Rippengewölbe im hinteren Raum des Erdgeschosses. Zu dieser Zeit hat der Bau offensichtlich giebelseitig zur Breiten Straße gestanden. Er war teilunterkellert. Dieser Keller gehörte bereits zu einem älteren Haus, das unter dem nicht unterkellerten Erdgeschoß entdeckt wurde. Es war im 14. Jahrhundert als Fachwerkbau errichtet worden. Aufgefundene noch ältere Siedlungsreste geben Hinweise auf eine Bebauung bereits im 13. Jahrhundert. Dieses erneut restaurierte Haus wird zur Zeit vom Stadtgeschichtlichen Museum zu Ausstellungszwecken genutzt. In Höhe des Marktplatzes befindet sich in der Breiten Straße 20 ein weiteres altes Bürgerhaus mit klassizistischer Fassade. Es wurde um das Jahr 1800 errichtet.

Der Markt

Der älteste Markt Spandaus muß in der Nachbarschaft der Nikolaikirche angenommen werden. Aber schon um 1230 scheint seine Verlegung an die heutige Stelle erfolgt zu sein. Bereits im Jahre 1232 wird als wichtigstes Gebäude am Markt das „Kophus" (Kaufhaus) genannt, in ihm boten vor allem die Tuchmacher und Gewandschneider, jedoch auch Schuhmacher und fremde Kaufleute ihre Waren an. Das Kaufhaus (Markt 1) wurde, wie wir schon erfahren haben, in den Jahren 1434–37 umgebaut und zum neuen Rathaus umfunktioniert. 1730 erfolgte ein Neubau, der bereits 1817 abgerissen wurde und durch einen weiteren

Neubau ersetzt wurde. Er ist durch zeitgenössische Darstellungen gut dokumentiert. Das Rathaus hat im Mittelalter die Stadtverwaltung beherbergt, aber auch Gerichtssitzungen fanden dort statt. Auf dem Markt waren „Scharren" aufgestellt, das sind massive Verkaufsbuden der Bäcker, Fleischer und anderer Gewerke. Noch bis zum Ende des 19. Jahrhunderts fanden dort Wochenmärkte statt, eine Tradition, die in unserer Zeit wieder aufgenommen worden ist.

Über die Carl-Schurz-Straße gelangt man zur Charlottenstraße, folgt dieser nach Westen bis zur Kinkelstraße. Der dabei auf zwei Seiten rechter Hand umschrittene Häuserblock wurde einst vom Spandauer Spinn- und Zuchthaus eingenommen, das der Große Kurfürst im Jahre 1686 eingerichtet hatte. Von 1872–97 fand es eine neue Nutzung als sogenannte Schloßkaserne. Nach anschließendem Abriß des Gebäudes wandelte man den gesamten Komplex in Wohngrundstücke um. In der Zeit der Nutzung als Zuchthaus saß dort der liberale Schriftsteller und Bonner Professor Gottfried Kinkel ein. Er konnte 1850 mit Hilfe seines einstigen Schülers, des damaligen amerikanischen Innenministers Carl Schurz, aus der Haft fliehen.

Die Kinkelstraße mit der Moritzkirche

Die Kinkelstraße hieß früher Jüdenstraße. Dort hatten die Angehörigen der sehr bedeutenden jüdischen Gemeinde von Spandau ihre Häuser. Unmittelbar an der Einmündung der Charlottenstraße gegenüber steht ein aus dem Jahre 1920 stammender Wohnblock. An seiner Stelle befand sich die sehr spät erstmals im Jahre 1461 erwähnte Moritzkirche. Die preußische Militärverwaltung erwarb das damals als Gotteshaus nicht mehr benutzte Bauwerk 1836, um es als Mannschaftsunterkunft für die danebenliegende Kaserne (heute Spielplatz) herzurichten. Bei der Moritzkirche hat es sich möglicherweise um die alte, nach einem Judenpogrom umgewidmete jüdische Synagoge gehandelt. Dafür spricht zum einen das Fehlen einer Synagoge in Spandau, zum anderen die späte Erwähnung der christlichen Kirche und drittens die Lage in der Jüdenstraße. Hinter dem Spielplatz am Viktoriaufer ist ein Rest der hier verlaufenden alten Stadtmauer aus der ersten Hälfte des 14. Jahrhunderts erhalten. Das im 19. Jahrhundert noch vollständig vorhandene Stück wurde 1920 bis auf 3 Meter Höhe abgetragen. Zwei sogenannte Weichhäuser (turmartige Mauervorsprünge, um die Angreifer auch vor der Mauer von der Seite her beschießen zu können) sind erhalten. Das Rundtürmchen ist frei erfunden. An der Kinkelstraße/Ecke Ritterstraße (Haus Nr. 35) steht das sogenannte Wendenschloß, bei dem es sich um einen Neubau aus dem Jahre 1966 handelt, der den Typ eines aufwendigen Ackerbürgerhauses zeigen soll. An dieser Stelle befand sich vorher ein aus der Zeit um 1700 stammendes Gebäude.

Am Ende der Kinkelstraße treffen wir auf die Straße am Juliusturm, überschreiten diese etwa hundert Meter östlich in Höhe der Carl-Schurz-Straße (hier stand im Mittelalter das Heidetor) und gelangen gegenüber in die Straße Hoher Steinweg und weiter zum Behnitz.

Behnitz

Der Straßenname Hoher Steinweg bezeichnet nach Auffassung vieler Forscher die erste gepflasterte Straße in einer Stadt. Wahrscheinlicher ist jedoch, daß der Name sich auf die Straße bezieht, die direkt auf die Burg (im Niederdeutschen: Hoher Sten) zuführt. An der Nordseite der Straße steht noch ein weiteres Stück der Stadtmauer aus dem 14. Jahrhundert in seiner vollen Höhe von 6 Meter. Unter der Mauer hindurch verlief im Mittelalter ein Wassergraben, der Behnitz und Stadt voneinander trennte. Er wurde künstlich angelegt, um eine Walkmühle und später ein Sägewerk, die Schneidemühle, betreiben zu können. Vom hohen Steinweg aus gelangt man in den Möllentordamm, an dessen Anfang (Nr. 1) das alte Möllentor (Mühlentor) vermutet werden darf. Auf dem Damm wohnten ursprünglich vor dem Bau der Zitadelle Fischer. Von hier aus erfolgte der Übergang zur Zitadelleninsel, auf der bis 1560 eine kurfürstliche Burg stand. Am

Eines der historischen Häuser auf dem Behnitz

Ende des Möllentordamms blicken wir auf die im Jahre 1910 er-
öffnete Schleuse. Sie wurde anstelle einer älteren, bereits 1723
erwähnten Schleuse erbaut und befindet sich wohl am Platze der
1232 genannten Spandauer Kornmühlen. 1232 hatte man eine
durch neuzeitliche Bohrungen nachgewiesene schmale, gratartige
Landverbindung zwischen Behnitz und Zitadelle durchstochen,
so daß der Warenverkehr zu Lande fortan über eine Brücke ab-
gewickelt werden mußte.

Wenden wir uns von hier nach rechts, so befindet man sich auf
der Straße Behnitz. Sie erinnert an den Namen des hier gelegenen mittelalterlichen Dorfs Behns. Das Dorf läßt sich an der neuzeitlichen Bebauung des Kolk noch gut erkennen. Es hat die
Form eines Dreiecks, dessen östliche offene Seite an die Havel
angelehnt ist. Die Dorfform entspricht im Grundriß des mittelalterlichen Dorfs am Machnower Krummen Fenn (Museumsdorf
Düppel). Daraus ist zu schließen, daß die Siedlung am Behns am
Ende des 12. oder zu Beginn des 13. Jahrhunderts angelegt wurde. Dies geschah an einer Stelle, an der sich schon zuvor ein sla-
wisches Dorf befunden hatte. Unmittelbar vor der 1848 errichteten katholischen Garnisonkirche St. Marien ist ein bei Ausgrabungen gefundener und restaurierter Feldsteinbrunnen aus dem

14. Jahrhundert erhalten. Er gehörte zu dem 1329 und 1345 auf dem Behns urkundlich belegten Adelssitz.

Es empfiehlt sich, noch einen Blick auf die gutrestaurierten malerischen Häuser am oberen Ende des Kolk zu werfen, bevor wir über die Straße Behnitz zur Straße am Juliusturm zurückkehren und über die Havelbrücke in östlicher Richtung zu der linker Hand liegenden Zitadelle gelangen.

Die Zitadelle

Die Zitadelle wurde als Festung auf dem erweiterten Gelände der alten kurfürstlichen Burg in den Jahrzehnten nach 1560 erbaut. Auf eine längere Bauzeit, vielleicht sogar bis zum Beginn des 17. Jahrhunderts, weisen die Ergebnisse vieljähriger archäologischer Untersuchungen an der Westkurtine hin. Als Baumeister seien Christoph Römer für die Jahre 1560–62, der Italiener Chiaramella de Gandino für die Jahre 1562–78 und von 1578–94 Rochus Graf Lynar genannt. Das damals moderne Festungssystem, das hier zur Anwendung kam, nannte man „Neuitalienische Manier". Um einen viereckigen Innenhof wurden vier Kurtinen (Wälle zwischen Eckbastionen) aufgeworfen, deren Ecken von Bastionen mit Flanken und eingezogenen Flanken gebildet waren. Dieses System bezweckte, tote Schußwinkel für die Verteidiger zu vermeiden. Von Bastionsspitze zu Bastionsspitze betrugen die Abmessungen 307 x 301 Meter. Soweit die archäologischen Untersuchungen zum Festungsbau erkennen lassen, hat die älteste Anlage im wesentlichen noch aus einer Holz-Erde-Befestigung bestanden. Erst im Zuge einer zweiten Bauphase schüttete man Kurtinen und Bastionen, allerdings in geringerer Höhe, als sie heute vorhanden sind, auf. Die letzte Ausbauphase erfolgte vermutlich erst zu Beginn des 17. Jahrhunderts. Zur besseren Verteidigung wurden die sogenannten Glacis (Erdschüttungen vor den Festungsgräben der vordersten Verteidigungslinie) dem eigentlichen Festungswerk vorgelagert. Sie sind heute außerhalb der Zitadellenmauern und von diesen durch Wasser getrennt als Grünanlage gestaltet. Im Bereich der Glacis lag im

Westen ein Außenwerk (Ravelin „Schweinekopf"). Dort wird das alte Außentor der Burg Spandau vermutet.

Wir betreten das Zitadellengelände über einen erst 1881 geschaffenen Damm und stehen vor dem Torhaus. Es stammt aus dem 16. Jahrhundert und muß, dem Stil der Zeit entsprechend, einst eine Putzfassade besessen haben. Die klassizistische heutige Fassade geht auf das Jahr 1839 zurück. Über dem Tor befand sich die Kommandantenwohnung. Als Vorbild der dreischiffigen Tordurchfahrt diente die „Porta Nuova" in Verona aus der Zeit 1534–40. Nach links führt von der Halle eine Pferdetreppe zum Juliusturm. Rechts befindet sich der Zugang zum Obergeschoß (heute Ausstellungsräume). Bei der 1970 vorgenommenen Restaurierung des Torhauses wurde das ursprünglich sicher verputzte Mauerwerk freigelegt. Im Eingangsbereich zu den Ausstellungsräumen ist eine Büste des Grafen Lynar zu sehen, die einst auf der Siegesallee stand und 1901 von M. Wolff geschaffen wurde. Im sogenannten Fürstenzimmer des Obergeschosses befindet sich eine Kassettendecke, die erst bei den Restaurierungsarbeiten 1970 eingefügt wurde. Sie gehörte zur Ausstattung des alten Kunstgewerbemuseums im Gropius-Bau (nahe Potsdamer Platz) und stammt aus einem Südtiroler Schloß des 16. Jahrhunderts.

Fürstenzimmer im Torhaus der Zitadelle in Spandau

Durch die Ausstellungsräume gelangt man zum Bergfried der alten askanischen Burg, dem Juliusturm. Es handelt sich um das älteste stehende Berliner Bauwerk überhaupt. Er datiert in die Zeit um oder bald nach 1200, wird aber erst 1356 erwähnt. Er diente als Zuflucht der Burgbewohner im Verteidigungsfalle. Im Innern befinden sich mehrere übereinander angeordnete Wohnräume, die man von dem danebenliegenden Gebäude, dem Palas, im Nordosten betreten konnte. Der heutige Zugang entstand im Jahre 1871, als man die französische Kriegsentschädigung (Reparationszahlung), den sogenannten Reichskriegsschatz, im Untergeschoß des Turms einlagerte. Dort befand sich ursprünglich das Burgverließ. Während der Festungszeit (Zitadelle) brach man die Schießscharten für die Geschütze aus. Der Zinnenkranz, ein Entwurf Schinkels, wurde 1838 aufgesetzt.

Wir kehren durch die Ausstellungsräume im Torhaus auf den Zitadellenhof zurück. Linker Hand befindet sich der Palas, das Wohn- und Repräsentationsgebäude der Markgrafen und Kurfürsten von Brandenburg. An seiner Vorderfront führte im Mittelalter der Hauptarm der Havel vorüber. Daraus ergibt sich, daß das später errichtete Torhaus, auf Pfähle gestellt, im Bereich des Flußlaufs erbaut wurde. Archäologische und bauhistorische Untersuchungen während der letzten 30 Jahre haben die Geschichte des Bauwerks in ein neues Licht gerückt. Um 1200 stand an dieser Stelle der erste, ebenfalls auf Pfähle gestellte, aber noch in Holz ausgeführte Palas. Er war kleiner als der jüngere und besaß eine etwas andere Ausrichtung. Um 1260 wurde dieses Gebäude durch einen Ziegelbau ersetzt. Nach 1450 begann man mit dem Bau des gotischen Palas, der in der Renaissance im Stile der Zeit umgestaltet wurde. Auf der Innenseite der westlichen Burgmauer, hinter dem Palas, fanden sich im Herbst 1984 Reste eines zweiten, aber jüngeren herrschaftlichen Wohngebäudes, der sogenannte Westpalas. Er stammt aus dem frühen 16. Jahrhundert. In beiden Bauwerken und in die zeitgleiche Burgmauer hatte man Grabsteine vom jüdischen Friedhof in Spandau vermauert. Der älteste datierbare Stein ist der früheste bisher bekannte Berliner Grabstein überhaupt. Etwa seit 1520 diente die Spandauer Burg nur noch als Witwensitz.

Nach einem ständigen Wechsel seiner Nutzung und den damit verbundenen zahlreichen Umbauten und einer Restaurierung während der sechziger Jahre präsentiert sich der Palas heute in einem Mischstil von Gotik und Renaissance. Die heute eingezogene Holzbalkendecke entspricht dem ursprünglichen Zustand, die auf ihr vorhandenen Schnitzereien sind hingegen modernes Beiwerk. Der als Türschwelle verwendete jüdische Grabstein ist entfernt worden.

Der Palas wird neuerdings wieder für Repräsentationszwecke genutzt. Die dafür notwendigen sanitären Anlagen sollten aus denkmalpflegerischen Gründen außerhalb des Gebäudes unsichtbar angelegt werden. Man trug daher die Schüttungen des neben dem Palas liegenden Kurtinenteils ab, um sie nach Einbau der Sanitäranlagen wieder aufzufüllen. Nach Entfernung des Erdreichs stellte sich jedoch heraus, daß an dieser Stelle die Reste der älteren Burgen aus Stein, Ziegel oder Holz gut erhalten waren. Es wurde beschlossen, diese älteren Bauteile nach der Freilegung an Ort und Stelle zu konservieren und die Toiletten in ein neu geschaffenes Obergeschoß zu verlegen. Der Besucher findet diese archäologischen Befunde seit kurzem zugänglich vor.

Man betritt das zum Ausstellungsraum umfunktionierte Kurtineninnere vom Hof am Fuße des Juliusturms. Zu besichtigen sind dort Teile der ältesten slawischen Holzburg aus dem 11. Jahrhundert, dieser vorgelagert die auf Punktfundamente gesetzte und von Stützbogen getragene äußere Umfassungsmauer der Burg aus dem 14. Jahrhundert. Im Hintergrund sieht man Mauerreste des bereits erwähnten West-Palas aus dem frühen 16. Jahrhunrdet, dessen nördliches Ende an dem zwischen Burg und Vorburg verlaufenden inneren Burggraben grenzt. In ihm fanden sich zahlreiche Abfälle der Burgküche, die aus dem Fenster geworfen worden waren. Die erhaltenen, gut beschrifteten Baureste werden durch die in Rekonstruktionszeichnungen dargestellten Entwicklungsstufen der Burg ergänzt. Hinzu treten Originalfunde, die mit zeitgleichen lebensgroßen Trachtenfiguren in Zusammenhang gestellt sind. Zur Herstellung der nachgewebten Stoffe für die slawische Frau in der ersten Vitrine konnten Stoff-

Jüdische Grabsteine in der Bastion Königin in Spandau

reste als Vorlage verwendet werden, die bei Ausgrabungen auf der Zitadelle gefunden wurden.

Rechter Hand vom Torhaus der Zitadelle sind die Fundamente des alten Zeughauses zu sehen, das bei der Beschießung der Zitadelle im Jahre 1813 zerstört worden ist. Weiter nach Osten schließt sich das jüngere Zeughaus an. Ihm gegenüber liegt die Exerzierhalle aus der zweiten Hälfte des 19. Jahrhunderts. Sie steht mit ihrem westlichen Teil im Bereich des alten Havellaufs. Auf dem Zitadellenhof ist inmitten des Rasens ein Feldsteinbrunnen aus dem 13. Jahrhundert erhalten. Unmittelbar vor dem Haus 5, das die Nordkurtine auf der Innenseite begleitet, konnten ein Friedhof aus dem 13. Jahrhundert und die Reste eines Steinbaus entdeckt werden. Es ist nicht ausgeschlossen, daß es sich dabei um eine Kirche innerhalb der Vorburg gehandelt hat.

Das aufwendig restaurierte neue Zeughaus beherbergt im Erdgeschoß die sehenswerte Sammlung des Stadtgeschichtlichen Museums, im Obergeschoß langfristig die Ausstellung der Funde vom Spandauer Burgwall, die zu besichtigen in Ergänzung des anderen Spandauer Rundgangs empfohlen wird.

In den Kasematten der südöstlichen Bastion Königin haben die zahlreichen jüdischen Grabsteine ein neues Domizil gefunden, die bei den langjährigen Ausgrabungen an vielen Stellen der Zitadelle, als Baumaterial zweitverwendet, entdeckt worden sind. Sie sind wissenschaftlich und didaktisch gut aufbereitet und geschmackvoll ausgestellt. Da diese Präsentation nicht immer zugänglich ist, sollte man sich vorher bei der Verwaltung des Museums (Telefon: 3391-264 oder -297) melden. Die Zitadelle ist Dienstag bis Freitag von 9–17 Uhr sowie Sonnabend und Sonntag von 10–17 Uhr zugänglich.

Eis- und Frühzeit in Tegel

Vom U-Bahnhof Tegel (U6) geht man durch die Fußgängerzone Gorkistraße, überschreitet die S-Bahn, wendet sich nach links und gelangt durch die Eschachstraße, W.-Blume-Allee, Ziekowstraße über den Waidmannsluster Damm hinweg in den Titusweg und zum Tegeler Fließ. Über den Uferweg entlang dem Tegeler Fließ gelangt man zum Allmendeweg und diesem folgend zum Waidmannsluster Damm. Ein kurzes Stück weiter nordöstlich erreichen wir über diesen den Steinbergpark, biegen auf dessen westlicher Seite rechts ein und kommen zum Steinbergsee. Von dort führt der Weg zur Nimrodstraße, die wir bis zur Hochjagdstraße entlanggehen, in diese links einbiegen und über den Waidmannsluster Damm hinweg die Dianastraße erreichen. Dieser fast in nördlicher Richtung folgend, erreichen wir über die Berliner Straße die rechtsabbiegende Almutstraße und Alt Hermsdorf.

Wenn man vom U-Bahnhof Tegel kommend der Humboldt Oberschule (Hatzfeldallee) gegenüber auf den alten Tegeler Friedhof stößt, ist der erste urgeschichtliche Fundplatz erreicht. In diesem Bereich bestand bereits vor 3 000 Jahren ein älterer Bestattungsplatz, der in der jüngeren Bronzezeit angelegt worden war. Einige Urnen konnten dort geborgen werden. Wir folgen der W.-Blume-Allee und erreichen den Waidmannsluster Damm. Etwa dort, wo die Ziekowstraße und der Waidmannsluster Damm aufeinanderstoßen, befand sich im 13. Jahrhundert ein bald wieder aufgegebenes Dorf, von dem zahlreiche Scherbenfunde zeugen. Möglicherweise handelt es sich um einen Vorgänger des späteren Dorfes Tegel, das erstmals im Jahre 1361 erwähnt wird, über dessen wirkliches Gründungsalter aber keine genauen Angaben gemacht werden können.

Start U-Bahnhof Tegel
1   Steinzeitliche
    Fundplätze
2   Pechofen
3   Tegeler Fließ
4   Freie Scholle
5a Findlingsblöcke
    im Steinbergpark
5b Großsteingrab
    im Steinbergpark
6   Zwei Jagdhäuser
    in Waidmannslust
7a Alt Hermsdorf
7b Arbeiterwohnhaus
7c Tongruben

Steinzeitliche Fundplätze am Tegeler Fließ (1)

Am Ende des Tituswegs stößt man auf das Tegeler Fließ, eine eiszeitliche Schmelzwasserrinne, die vermutlich während des letzten Glazials (Weichselvereisung) entstand und in westlicher Richtung entwässerte. Sie besteht aus breiten Niederungs-flächen, die einst von Seen ausgefüllt waren. Dazwischen befinden sich schmale wasserführende Verbindungsstücke. Ein solches liegt am Ende des Tituswegs vor uns. Es wird in unserer Zeit von einer Holzbrücke überspannt. Bereits in der Nacheiszeit bot dieser Engpaß dem Wild die Möglichkeit, das von Nordost nach Südwest fließende Gewässer auf kurzem Wege leicht zu durchschwimmen. Dies war auch der Grund, daß sich in der Nähe dieses Übergangs über Jahrtausende hinweg immer wieder Jägergruppen niederließen, die dem Wild nachstellten. Wir wenden uns zunächst nach links und folgen dem südlichen Ufer-weg. Vor Errichtung der hier an das Fließ grenzenden Neubau-siedlung lieferten eilig durchgeführte Ausgrabungen Belege für eine Siedlung mittelsteinzeitlicher Jäger, die hier in Schilf- und Reisighütten lebten. Damals, im 6. und 5. Jahrtausend v. Chr., war das Klima warm und trocken. Dichter Wald bedeckte das ge-samte Land. Der Siedlungsplatz war somit gut gewählt, denn der Wald lieferte das reichhaltig vorhandene Wild, Beeren und Pilze, das Wasser, die Fische. Bei den Ausgrabungen konnte mannigfal-tiges Gerät sowie Pfeilspitzen, alles aus Stein gefertigt, gebor-gen werden. Diese Funde trugen dazu bei, den Platz zeitlich ein-zuordnen.

Wir folgen dem Uferweg weiter bis zum Ende der zur Linken lie-genden Kleingartensiedlung. Vor uns sehen wir rechts im Land-schaftsschutzgebiet das mäandrierende, noch nicht begradigte Tegeler Fließ, das an dieser Stelle den Engpaß bereits hinter sich gelassen hat und in ein breites Niederungsgebiet einmündet. Bei diesem handelt es sich um einen ehemaligen See. Auf der Süd-seite des Tegeler Fließes sehen wir den hier erst in den siebziger Jahren angelegten neuen Friedhof. Vorher wurde das Gelände landwirtschaftlich genutzt. Nach dem Pflügen im Herbst schritt damals ein ehrenamtlicher Mitarbeiter der archäologischen

Denkmalpflege in West-Berlin die Pflugfurchen regelmäßig ab und entdeckte dabei zahlreiche Feuersteingeräte. Diese zeigten, daß er auf einen Rastplatz endeiszeitlicher Rentierjäger gestoßen war. Ausgrabungen, die in den Jahren 1961 und 1962 durchgeführt wurden, ergaben folgendes: Im Bereich des Fundplatzes hatten sich in zeitlichen Abständen mehrfach kleine Jägergruppen von 10–15 Menschen eingefunden und ihre transportablen Zelte aus Tierfellen aufgeschlagen. Sie wollten in der Nähe am Fließübergang (Titusweg) Beute machen. Es waren große Herden ziehender Rentiere, die dort bei ihrer Frühjahrs- und Herbstwanderung das Gewässer überquerten und dabei – selbst wenig beweglich – dem Jäger ein gutes Ziel boten. Von den Lagern hatten sich die Reste mehrerer Feuerstellen und Abfallgruben erhalten. Die Jäger hatten im Windschatten eines Zelts, wie dem archäologischen Befund zu entnehmen war, auf der südwestlichen Seite ihre aus Feuerstein geschlagenen Pfeilspitzen erneuert und mit Steinschabern die Felle der erbeuteten Tiere von Fleischresten gereinigt. In zwei aufgefundenen, fast 3 Meter tiefen Gruben, die in den damals vorhandenen Dauerfrostboden eingetieft worden waren, lagerten sie die Fleischvorräte für längere Zeit ein. Dieser wichtige Befund ist in der Ausstellung des Museums für Vor- und Frühgeschichte im Schloß Charlottenburg (Langhansbau) zu sehen. Aus dem Geräteinventar ließ sich erkennen, daß sich einige Jägergruppen während einer kurzfristigen Wärmephase innerhalb der letzten Eiszeit vor 12 000 Jahren, andere etwas später, während des letzten Kälteeinbruchs vor 10 000 Jahren, am Tegeler Fließ einfanden.

Der Pechofen (2)

Auf der nördlichen Seite des Tegeler Fließes, dem *Rentierjägerrastplatz* fast gegenüber, entdeckte man im Jahre 1962 einen mittelalterlichen Pechofen und grub ihn aus. Er war in seinem unteren Teil außerordentlich gut erhalten und gewährte einen hervorragenden Einblick in technische Einzelheiten der Pechgewinnung während des Mittelalters. Es handelte sich um einen kreisförmigen doppelwandigen Ofen aus Lehm von 4 Meter

Durchmesser. Nach Entfernen der zerstörten und in das Innere
gefallenen Kuppel zeigte sich in der Mitte des Bodens eine Öff-
nung, von der aus ein Holzrohr zu einer außerhalb des Ofens
angelegten Lehmwanne führte. Durch die Röhre floß das durch
Verschwelen von kienigem Holz gewonnene flüssige Pech ab und
konnte in einem Gefäß aufgefangen werden. Tongeschirreste aus
der Umgebung des Ofens machen deutlich, daß der Betreiber in
unmittelbarer Nähe wohnte. Sie ermöglichen auch eine zeitliche
Einordnung in das späte 13. oder frühe 14. Jahrhundert. Pech
wurde im Mittelalter zum Abdichten von Booten und Holzfäs-
sern, als Wagenschmiere, zur Fertigung von Schuhmacherhanf
und für medizinische Zwecke benötigt. Die Lage des Ofens dicht
am Fließufer erleichterte das Herantransportieren der benötigten Holzmengen.

Wir wenden uns nun auf dem gleichen Wege zurück zum Titusweg und folgen dem sich wieder verbreiternden Fließtal auf dem
südlichen Uferweg bis zum Allmendeweg, in den wir in Richtung
Waidmannsluster Damm einbiegen.

Das Tegeler Fließ (3)

Auf dieser Strecke bekommt man einen besonders guten Eindruck von dem hier sehr breiten Tal, bei dem es sich um einen in
der Nacheiszeit verlandeten See handelt. Vor 20 000 Jahren be-
gannen die damals noch immer 1 000–1 500 Meter hohen Gletscher, bei uns allmählich abzuschmelzen. Während dieses Pro-
zesses brachen im Bereich der Schmelzwasserrinnen hier und
da gewaltige Eisblöcke aus dem Gletscher heraus und blieben
am Boden der Abflußrinne liegen. Dort wurden sie vom Erdreich,
das das Wasser mitführte, zugespült. Nach Rückzug des Eises
lagen diese Eisblöcke tief im Erdreich, wo sie erst langsam, im
Laufe von Jahrhunderten, abschmolzen. An solchen Stellen bildeten sich danach Seen, die bis zum heutigen Tage erhalten sind
oder – wie hier am Tegeler Fließ – im Verlauf späterer Jahrtausende verlandeten. Untersuchungen haben ergeben, daß die
alten Seebecken mit 3–6 Meter Flachmoortorf, darunter bis zu

2 Meter mit Faulschlamm und darunter mit 5–9 Meter Wiesen-
kalk aufgefüllt sind. Auf dem Weg zum Waidmannsluster Damm
durchwandern wir eine architekturgeschichtlich bedeutende Siedlung, die „Freie Scholle".

Die Freie Scholle (4)

Es handelt sich um eine Arbeitersiedlung, die zwischen 1924
und 1931 von dem berühmten Architekten Bruno Taut, der auch
die Hufeisensiedlung in Berlin-Britz entworfen hat, gebaut wurde. Ihr Zentrum wird durch den Schollenhof gebildet, der nahe
dem Waidmannsluster Damm zu finden ist. Die Idee, dem vom
Wohnungselend in der Innenstadt Berlins betroffenen Arbeiter
eine Alternative im Grünen zu bieten, geht auf den Sozialrefor-
mer Gustav Lilienthal, Bruder des Flugpioniers Otto Lilienthal,
zurück. Zur Erinnerung an Gustav Lilienthal hat man am Südrand
der Siedlung auf dem Waidmannsluster Damm eine Gedenktafel
aufgestellt. Lilienthal wollte dem kapitallosen Arbeiter den gleichen Vorteil wie dem Kapital besitzenden Mitbürger durch Wohn-
eigentum verschaffen. Die ersten Häuser mit zugehörigen Gär-
ten entstanden bereits 1900 (Egidystraße). Dann mehrten sich
aber die Widerstände, so daß der Reformer, der zur Durchführung seiner Pläne eine Genossenschaft gegründet hatte, sich
aus dieser 1911 zurückzog. Nach dem Ersten Weltkrieg übernahm die GEHAG, der Bauträger des DGB, den weiteren Ausbau
der Siedlung unter neuen Gesichtspunkten. Es wurden Wohnun-
gen geschaffen, aber nicht mehr Eigenheime. Dies war notwendig, da die Arbeiter der nach Tegel verlegten Firma Borsig drin-
gend Wohnraum benötigten. Die gesamte Siedlung steht seit
langem unter Denkmalschutz.

Wir folgen nun dem Waidmannsluster Damm in östlicher Richtung bis zum Anfang des Steinbergparks und nutzen den ersten
rechts abzweigenden Weg, um nach Süden bis zum Steinbergsee
und an dessen Nordufer entlang zur Nimrodstraße zu gelangen.

Der Steinbergpark (5)

Er führt seinen Namen wegen der dort vorhandenen zahlreichen Findlingsblöcke, die hier in der letzten Eiszeit abgelagert wurden. Der erhaltene alte Eichenbestand und der in den Wald eingebettete See vermitteln einen vorzüglichen Eindruck der Waldlandschaft, die die im Mittelalter nach Osten vordringenden Siedler vorfanden. Das Wasser bot ihnen die Voraussetzung zur Gründung von Dörfern, der lichte Hochwald lieferte Eicheln und Bucheckern, Nahrungsgrundlage für die Schweinezucht, und das Unterholz Blätter für das Rindvieh. So erklärt sich auch der wichtige Fund eines aus der Astgabel einer Eiche gefertigten Hakenpflugs aus dem 13. Jahrhundert, der Ende 1962 beim Ausbaggern des Gewässers an seinem östlichen Ende zutage trat. Ein kurzes Stück links vom Ende des Sees finden wir im Wald versteckt ein jungsteinzeitliches Großsteingrab. Es ist kein Original, es wurde erst in der Zeit kurz vor dem Zweiten Weltkrieg hier aus Findlingsblöcken rekonstruiert und sollte an die einst auch in der nördlichen Mark Brandenburg vorhandenen, aber im 19. Jahrhundert bereits zerstörten Großsteingräber erinnern. Das Grab entspricht dem frühesten Typ, dem sogenannten Dolmen.

Der Weg führt nun über die Nimrodstraße in östlicher Richtung, dann nach links durch die Hochjagdstraße, dabei wird die Bondickstraße überquert, zum Waidmannsluster Damm.

Waidmannslust (6)

Das ganze Viertel, das wir gerade durchschreiten, verdankt seine Entstehung dem Hermsdorfer Gutsförster Ernst Bondick, der im Jahre 1874 von einem Lübarser Bauern ein 64 Morgen großes Stück Land auf dem Steinbergschen Felde für 12 288 Mark erwarb und nach und nach an Berliner Interessenten veräußerte, die hier, im damals noch menschenleeren Norden, ihre Jagdhäuser bauten. Zwei von diesen sind heute noch in der Nimrodstraße 53 und 54 zu sehen. In der Bondickstraße/Ecke Hoch-

Findlinge aus der Eiszeit im Tegeler Steinbergpark

jagdstraße trifft man auf die Königin-Luise-Kirche. In historisierendem Stil während der Jahre 1912/13 errichtet, kopiert die Kirche die gotische Fassade des Rathauses in Tangermünde.

Vom Waidmannsluster Damm kehren wir über die Straße am Dianaplatz, Dianastraße zum Tegeler Fließ zurück und folgen der Berliner Straße nach Norden bis zur Almutstraße, in die wir einbiegen, um Alt Hermsdorf zu erreichen.

Alt Hermsdorf (7)

Die gewundene Führung der Berliner Straße erinnert noch immer an die alte Trasse des Postwegs von Berlin nach Oranienburg. An diesem stand seit dem Mittelalter an einer schmalen Stelle des Fließes die Wassermühle. An ihrem Platz befindet sich heute ein Restaurant.

Die Hermsdorfer Kirche in der Almutstraße findet sich abseits der Dorfaue. Die Kirche entstand erst um 1830 und ersetzte einen unter König Friedrich II. errichteten Fachwerkbau. Dieser hatte an anderer Stelle auch einen Vorgänger, der bei Ausgrabungen in den Jahren 1987/88 mitten auf der Dorfaue gefunden wurde. Wir kommen darauf zurück. Zunächst sei über die Geschichte des Dorfs, soweit sie uns aus der historischen Überlieferung bekannt ist, gesprochen.

Die älteste Erwähnung des Dorfs fällt in die Zeit der großen brandenburgischen Wirren in der Mitte des 14. Jahrhunderts. 1349 übergeben die Herzöge Albrecht und Rudolf von Sachsen-Anhalt, Verwandte der ausgestorbenen Askanier, dem Ritter Busse Mylow neben anderen Dörfern auch Hermanstorp (Hermsdorf). Diese Belehnung spricht dafür, daß der Ritter ein Gefolgsmann der Anhaltiner war. Um 1369 hinterließ der Ritter Johann von Buch, inzwischen Besitzer der Siedlung Hermsdorf, seiner Witwe diesen Ort nebst den Dörfern Nyendorf (Hohenneuendorf), Birkenwerder und Bockstorff (Borgsdorf). Johann von Buch war Parteigänger Kaiser Karl IV., der ihn anscheinend mit den Gütern belehnte, die vorher dem Anhänger einer anderen gegnerischen Partei gehörten. Im Landbuch Kaiser Karls IV. wird Hermsdorf 1375 ohne Angabe der Hufenzahl aufgeführt. Erwähnt werden fünf Höfe mit zugehörigem Acker, die jeweils vier Schillinge in Pfennigen als Abgabe zu entrichten hatten. Drei weitere Höfe lagen damals wüst. Daraus ergibt sich, daß Hermsdorf im Jahre 1375 aus nur acht Hofstellen bestand, eine äußerst geringe Zahl. Daß es sich bei Hermsdorf wirklich um ein kleines Dorf gehandelt hat, geht auch aus den Schoßregistern des Jahres 1450 hervor, in denen als Acker nur 16 Hufen angegeben sind. Der Ort gehört zu den Berliner Dörfern auf dem Barnim, die direkt am Tegeler Fließ angelegt sind. Das dürfte für ein hohes Alter von Hermsdorf sprechen, denn die Niederungsgebiete, wie das des Tegeler Fließes, waren meist schon in vordeutscher Zeit von Slawen besiedelt. Darüber hinaus sprachen Dorfform (ursprünglich halbrund), die geringe Hufenzahl und die noch im 17. Jahrhundert nachweisbare Flureinteilung (Blockgewannflur) für eine sehr frühe Gründung unter starker Beteiligung einheimischer slawischer Bevölkerung.

Um Licht in die Gründung und frühe Entwicklung des Dorfes zu bringen, wurden während der Jahre 1987–1989 vor allem auf

Großsteingrab im Steinbergpark

dem Dorfplatz umfangreiche Ausgrabungen durchgeführt. Das heutige Bild des Dorfs spiegelt nicht den ursprünglichen Zustand wider. Man erhält den Eindruck eines Angerdorfs; im Mittelalter wies die kleine Ansiedlung aber Hufeisenform auf. Erst im 18. Jahrhundert wurde – notwendig geworden durch den Zuzug neuer Siedler – dem bestehenden Halbrund an seiner offenen Seite nordwestlich der Straßenflucht Almut- und Seebadstraße ein zweites Halbrund hinzugefügt. Die archäologischen Untersuchungen wurden daher folgerichtig im südöstlichen Teil des Dorfs eingeleitet. Dort auf der Grünfläche der Dorfaue vermutete man seit langem die mittelalterliche Dorfkirche mit dem dazugehörigen Friedhof. Das noch nicht veröffentlichte Ergebnis der Ausgrabungen sei hier in aller Kürze bekannt gegeben. Von dem Vorvorgängerbau der heutigen Kirche wurden Reste des Fundaments nachgewiesen. Der Grundriß ist heute im Rasen ausgelegt. Bei dieser Kirche handelte es sich um einen einfachen Saal mit Feldsteinfundament und aufgesetztem verputztem Fachwerk. Der Verputz trug im Inneren des Kirchenraums Bemalung. Das Bauwerk kann erst im 16. Jahrhundert errichtet worden sein. Es hat damals eine an gleicher Stelle stehende noch ältere Holzkirche ersetzt, deren genaue Datierung nicht vorgenommen werden konnte.

Die Gräber des zugehörigen Friedhofs, der im letzten Drittel des 19. Jahrhunderts aufgegeben worden war, lieferten wichtige Befunde, um Bevölkerungsentwicklung, Gesundheitszustand und Sterbealter in einer dörflichen Gemeinschaft über Jahrhunderte hinweg zu verfolgen. Die ältesten Bestattungen stammen aus dem 13. Jahrhundert, aus einer Zeit des Übergangs vom Heidentum zum Christentum. Darauf weisen Münzen hin, die man den Toten als Kostgeld für den Weg ins Jenseits in den Mund gelegt hatte.

Hermsdorf verfügte im Mittelalter über keine ortsansässige Gutsherrschaft. Dies änderte sich erst Ende des 16. Jahrhunderts. Da der zum Dorf gehörende Boden jedoch wenig ertragreich war, wechselten die Gutsbesitzerfamilien sehr häufig. Im Jahre 1836 wurde das Gut von dem Rentier Wernicke erworben. Er suchte, den schlechten landwirtschaftlichen Ertrag des Bodens durch die Ausbeutung der vorhandenen Tonvorkommen auszugleichen und errichtete eine Ziegelei. Diese besaß sehr bald einen so guten Ruf, daß man bei wichtigen Berliner Bauten auf die Hermsdorfer Ziegelei zurückgriff. Die Arbeitskräfte holte sich der Ziegeleibesitzer zu einem großen Teil aus Polen. Für sie errichtete er im Jahre 1866 ein Arbeiterwohnhaus, das noch heute in der Junostraße 7 erhalten ist. Dicht dahinter sind die inzwischen mit Wasser zugelaufenen Tongruben beiderseits der Seebadstraße zu sehen.

Es lohnt sich, einen Blick in das kleine, aber interessante Heimatmuseum im ehemaligen Schulgebäude zu werfen. Beachtenswert ist dort besonders das auf dem Hof nach Grabungsbefunden im Verhältnis 1:1 germanische Gehöft aus der Zeit um 200 n.Chr. Es besteht aus drei Gebäuden. Das typische Wohn- und Stallhaus betritt man durch den Mitteleingang und gelangt in den Flur. Von ihm führt die eine Tür in den Wohnraum mit zentraler Herdstelle, die andere in den Stallteil, in dem die Rinder beiderseits eines Mittelgangs untergebracht waren. Am Ende des Hauses befinden sich zwei kleine Kammern, über deren Nutzung wir keine genauen Aussagen machen können. Der mit Schilf gedeckte Dachstuhl wurde unter anderem zum Räuchern der Fleischvorräte, eine damals beliebte Konservierungsmethode, genutzt. Zu dem Gehöft gehörten ein Brunnen, ein Getreidespeicher und ein Grubenhaus. Die Baumscheiben an den Pfosten des Speichers sollten das Emporklettern von unliebsamen Nagetieren verhindern. Das Grubenhaus wurde zum Spinnen und Weben genutzt, wie der darin aufgestellte Webstuhl deutlich macht. Zu dem Siedlungskomplex gehörte weiterhin ein freistehender Backofen mit Lehmkuppel.

Hier endet der Rundgang. Wir kehren zur Berliner Straße zurück und fahren mit dem Bus 421 bis zum S-Bahnhof Waidmannslust, um von dort in die Innenstadt zu gelangen.

Auf frühgeschichtlichen Spuren in Britz

Vom U-Bahnhof Blaschkoallee (U7) führt der Weg über die Fritz-Reuter-Straße zur Parchimer Allee, dieser nach Westen folgend und weiter über die Fulhamer Allee bis Alt Britz. Von hier geht man zum Britzer Damm und fährt mit dem Bus der Linie 144 bis Alt Buckow und dann mit dem Bus der Linie 172 zum U-Bahnhof Johannisthaler Chaussee. Auf der U-Bahnstation Blaschkoallee angekommen, nutzen wir den nördlichen Ausgang und befinden uns in der Blaschkoallee am Rande des Parks am Buschkrug.

Der Park am Buschkrug

Der Park wurde in den fünfziger Jahren unseres Jahrhunderts angelegt. Früher, zu Ende des vorigen Jahrhunderts, gehörte das Gelände zur Kienheide, einem Gebiet, in dem zahlreiche Kiesgruben betrieben wurden. Dabei fanden sich immer wieder Knochen von eiszeitlichen Großsäugern. Als im Jahre 1895 nahe der Blaschkoallee/Ecke Buschkrugallee auch ein menschliches Skelett entdeckt wurde, brachte man dieses mit den eiszeitlichen Knochenfunden in Verbindung und sprach vom „Mammut-Menschen". Der Fachwelt war jedoch schon damals klar, daß das Skelett jüngeren Datums sein mußte. Wie wir aufgrund der im Jahre 1951 an gleicher Stelle gemachten Funde erfuhren, gehörte das Skelett zu einem kleinen völkerwanderungszeitlichen germanischen Friedhof des 5. und 6. Jahrhunderts n. Chr. Bei den gärtnerischen Arbeiten – Pflanzungen und Anlage von Wegen –, die überwiegend mit Hilfspersonal durchgeführt worden waren, stieß man 1951 auf mehrere im Boden liegende Gefäße, die zerstörten Gräbern zugeordnet werden mußten. Daneben entdeckten Arbeiter zwei ungestörte Körperbestattungen. Ein Grab enthielt das Skelett eines etwa 35jährigen Mannes. Nach damaliger Jenseitsvorstellung hatte man ihm ein gut erhaltenes Gefäß mit in das Grab gestellt. Geringe erhaltene Reste des ursprünglichen Inhalts konnten als Hefeteilchen bestimmt werden. Das Gefäß enthielt einst Bier. In dem anderen, etwa 5 Meter daneben gefundenen Grab lag das Skelett eines etwa 17jährigen Mädchens. Als die Archäologen hinzugerufen wurden, bot sich ihnen folgendes Bild: In einer flachen Grabgrube ruhend, war das Skelett von unkundiger Hand schlecht und recht freigekratzt worden. Der Brustkorb war noch leicht mit Erde bedeckt. Doch bestand von Anfang an der Verdacht, daß die Erde nach Freilegung des Skeletts wieder auf die Knochen geschüttet worden war. In Kniehöhe stand eine vollständig erhaltene Glasschale. Als die Archäologen den Bereich des Brustkorbs untersuchten, fanden sie dort Kamm, Schere und Messer, sowie einen Taschenbügel aus Eisen. Im Munde der Toten lag ein Goldbrakteat (Schmuckanhänger, der eine Münze imitiert), der als Kostgeld für den Weg ins Jenseits gedacht war. Die Glasschale stammt aus einer fränkischen Werkstatt bei Mainz. Die Gesamtausstattung spricht für eine wohlhabende Frau. Dazu hätte eine vergoldete Fibel (Gewandspange) gehört. Sie war aber nicht vorhanden. Man darf aus dem gesamten Befund schließen, daß das Grab von den Entdeckern vor Eintreffen der Archäologen beraubt worden ist. Das Grab gelangte in das Museum für Vor- und Frühgeschichte Schloß Charlottenburg im Langhansbau und ist nach Beendigung des Ausstellungsumbaus dort wieder zu sehen. Im Nordwesten des Buschkrugparkes, dem Krankenhaus Britz unmittelbar benachbart, stieß man im Rahmen der schon geschilderten Arbeiten zur Anlage des Parks schon im Jahre 1950 auf 17 Urnenbestattungen aus der Zeit des 5.–3. Jahrhunderts v. Chr. Die Untersuchungen der verbrannten Knochen ergaben, daß sich unter den Bestatteten sieben Frauen, zwei Männer und drei Kinder befanden. Die Form der als Urnen verwendeten Tongefäße läßt vermuten, daß wir es hier mit Germanen zu tun haben, die zu dieser Zeit von Norden her allmählich in unser Gebiet vordrangen.

Wir wandern nun auf der Fritz-Reuter-Allee in südlicher Richtung und bekommen einen guten Eindruck von der denkmalgeschützten Hufeisensiedlung.

Die Hufeisensiedlung

Sie wurde in den Jahren 1925–31 von dem bekannten Berliner Architekten Bruno Taut entworfen und erbaut. Während dieser Zeit gelang es, viele Fundstellen aus verschiedenen ur- und frühgeschichtlichen Epochen auszumachen und zu untersuchen. Die Hufeisensiedlung führt ihren Namen wegen ihres hufeisenförmig um einen Teich herum angelegten Zentrums. Dieser Teich verdankt seine Entstehung der letzten Eiszeit. Auf seiner Westseite entdeckte der Archäologe Carl Umbreit eine dörfliche Siedlung aus der jüngeren Steinzeit, die aufgrund der Scherbenfunde der nordischen Trichterbecherkultur zuzuordnen ist. Die Menschen, die derartige Keramik fertigten, bestatteten ihre Toten in Großsteingräbern. Der Volksmund nennt sie Hünengräber. Neben Tonscherben fanden sich Speisereste, wie Getreide und Knochen von Pferd, Rind, Schwein und Rothirsch. Südlich und südwestlich des Teichs konnten weitere Siedlungen aus unterschiedlichen Epochen, eine bronzezeitliche (zweite Hälfte des 2. Jahrtausends v.Chr.) und eine germanische aus dem 1.–2. Jahrhundert n. Chr,. nachgewiesen werden. Letztere wurde von den im Havelland beheimateten Semnonen bewohnt. Als der Teich im Jahre 1985 entschlammt worden war, traten weitere Funde zutage, die die Bauern der umliegenden ur- und frühgeschichtlichen Dörfer in das Gewässer geworfen hatten.

Wir folgen nun der Fritz-Reuter-Allee weiter bis zur Parchimer Allee. Etwa in Höhe des U-Bahnhofs Parchimer Allee war man 1931 bei Kanalisationsarbeiten auf mehrere Skelette gestoßen, von denen leider nur wenige Reste geborgen wurden. Bei den Toten lagen verschiedene Beigaben, die in das Märkische Museum gelangten: zwei Tongefäße, drei Gürtelschnallen, ein Knochenkamm, ein Spinnwirtel, ein goldener durchbrochener Anhänger und eine vergoldete Siebenknopffibel (Gewandspange) mit eingelegten roten Almandinen (Halbedelstein). Die beiden kleinen Friedhöfe aus spätgermanischer Zeit an der Blaschkoallee und in der Fritz-Reuter-Allee machen deutlich, daß sich im Britzer Raum nach Abwanderung des größten Teils einer hier ansässigen germanischen Bevölkerung nach Südwestdeutschland eine Siedelkammer erhalten hat, in der einige zurückgebliebene Bauernfamilien lebten.

Der Weg führt nun entlang der Parchimer Allee bis zur Fulhamer Allee. Links zweigt die Paster-Behrens-Straße ab.

Die Jungsteinzeitliche Siedlung

Etwa 100 Meter weiter westlich der Paster-Behrens-Straße in Richtung auf den Gutspark Britz entdeckte man im Jahre 1955 eine weitere jungsteinzeitliche Siedlung der nordischen Trichterbecherkultur, doch hier sorgte das geborgene Fundgut für eine besondere Überraschung. Es fanden sich nämlich Reste von Tongefäßen, die einem sehr alten Typus angehörten und die bereits in das 4. Jahrtausend v. Chr. datieren. Nebenher konnten flache Tonteller zum Backen von Fladenbrot, eine Schleifplatte zum Schärfen von Steinbeilen und ein kleines Beil, gefertigt aus einem Schiefergestein, das nur in Wieda (Harz) ansteht, ausgegraben werden. Schon damals gab es demnach einen weitreichenden Handelsverkehr. Erhalten hatten sich auch Speisereste wie Spälzweizen, Nacktgerste und Emmer. Die zu allen Zeiten erfolgte Besiedlung dieses engeren Britzer Gebiets hängt mit dem dort vorhandenen fruchtbaren Geschiebelehm zusammen, der in der letzten Eiszeit abgelagert worden war. Über die Fulhamer Allee erreichen wir in Alt-Britz den alten mittelalterlichen Dorfkern.

Alt-Britz

Das Dorf Britz wird zum ersten Mal im Landbuch Kaiser Karls IV. aus dem Jahre 1375 als Britzik erwähnt und dort als mit 58 Hufen ausgestattet aufgeführt. Von diesen hatte der Pfarrer drei und die Kirche eine freie Hufe, das heißt, sie waren frei von Abgaben. Darüber hinaus findet sich die außerordentlich hohe Zahl von 31 ritterlichen Freihufen der markgräflichen Vasallen Barfuß mit acht freien Hufen, Lockenwalde mit vier freien Hufen, Berghter Wyghus mit neun freien Hufen und Otto Britzik mit zehn freien Hufen. Otto Britzik scheint aber die Vorherrschaft gehabt zu haben, denn die übrigen 23 abgabepflichtigen Hufen entrichteten ihm je einen halben Wispel Roggen und Hafer. Von den 14 vorhandenen Kossäten erhielt Otto Britzik jeweils einen Schilling und zwei Hühner. Auch der Krug, die Schenke, zahlte an Otto Britzik. Er besaß die Gerichtsbarkeit, den Wagendienst und das Kirchenpatronat.

Otto Britzik, der vermutlich seinen Namen nach dem Dorf trägt – Britzik wird auf das slawische Wort brezki = Ansiedlung am Birkenwäldchen zurückgeführt –, entstammte vielleicht selber einem slawischen Adelsgeschlecht. Angehörige seiner Familie erscheinen schon vorher in Berliner Urkunden, so ein Heinrich von Britzke im Jahre 1306 und ein Ebel von Britzke im Jahre 1325. Ob es sich bei diesen um direkte Vorfahren des Otto Britzik handelt, ist allerdings nicht gesichert. Im Schoßregister des Jahres 1450 ist in Britz nur noch von 18 Ritterhufen die Rede, die nun alle den Britzkes gehörten. Das 15. Jahrhundert bescherte der Familie von Britzke einen neuen wirtschaftlichen Aufschwung. Wie aus einer Urkunde des Jahres 1416 hervorgeht, besaß das Geschlecht neben Britz einen Adelshof in Buckow, das halbe Dorf Lichterfelde, das halbe Dorf Osdorf und Rechte in Schönefeld, Tiefensee und Woltersdorf auf dem Teltow sowie auf dem Barnim in Wernitz und Seeburg und im Havelland in Wustermark. Krieg konnte auch damals schon vorhandenen Wohlstand vernichten. Im Jahre 1478 lagen die 18 Hufen der Britzkes in Britz wüst, sie waren nicht mehr bewirtschaftet. Vermutlich hatte das Heer des ungarischen Königs Mathias Corvinus während der Auseinandersetzungen mit Kurfürst Albrecht von Brandenburg (1470–1486) das Dorf zerstört. Noch einmal spielte das Geschlecht mit einem Herrn Otto von Britzke zu Britz eine wichtige Rolle. 1539 gehörte er zu den Adeligen, die der neuen Lehre Martin Luthers auf dem Teltow zum Siege verhalfen. Die Familie starb zu Beginn des 17. Jahrhunderts aus. Danach erfuhr Britz einen neuen Aufschwung unter der Gutsherrschaft des Hofmarschalls König Friedrich I. (1701–1713) Sigismund von Erlach. Er sorgte für die Ausgestaltung von Schloß und Park. Als Eigentümer des Dorfs folgten Wilhelm Reichsgraf von Schwerin und Heinrich Rudiger von Ilgen, bis Britz schließlich unter Ewald Friedrich Graf Hertzberg – Staats- und Kabinettminister unter König Friedrich II. – in der zweiten Hälfte des 18. Jahrhunderts zum preußischen Musterdorf gemacht wurde. Er führte ein System zur rentablen gemeinsamen Bewirtschaftung von Guts- und Bauernland ein.

Die außerhalb des Dorfkerns gelegene Dorfkirche ist aus unregelmäßigem Feldsteinmauerwerk gebaut. Alle Fenster und Portale stammen aus dem Jahre 1888 und wurden beim damaligen Umbau der Kirche mit Ziegelkanten versehen. An der Nordseite sind im Langhaus zwei, am Chor ein altes zugesetztes Fenster schwach erkennbar, desgleichen zwei alte Fensterspuren an der Südseite des Langhauses, wo sich auch ein vermauertes Portal befindet. Die Bogenschlüsse erscheinen nur undeutlich, wahrscheinlich handelt es sich um gedrückte Spitzbögen. Als Bauzeit ist die Mitte oder das Ende des 13. Jahrhunderts anzunehmen. In diese Zeit datierte auch die alte, im Zweiten Weltkrieg zerstörte Glocke mit Heiligendarstellungen, von der sich ein Rest im Neuköllner Heimatmuseum befindet. Einen barocken Anbau mit darunterliegender Gruft erhielt die Kirche im Jahre 1766 durch Graf Hertzberg, der dort auch bestattet ist.

Die Lage der Kirche, abseits des eigentlichen Dorfkerns und ursprünglich auf fast allen Seiten von Wasser umgeben, ist auffällig. Eine Erklärung lieferten die im Jahre 1967 durchgeführten Ausgrabungen im danebenliegenden Pfarrgarten. Ihnen zufolge darf heute als ziemlich sicher gelten, daß an dieser Stelle einer der 1375 genannten Adelshöfe lag. Die aufgefundenen Scherben von Gefäßen weisen auf einen Hof bereits im 13. und im gesamten 14. Jahrhundert hin. Zu ihm gehört auch der Feldsteinbrunnen, den man in das neuerrichtete Gemeindehaus einbezogen hat. Man kann ihn im Keller des Gemeindehauses besichtigen. Der Brunnen reicht nicht bis in das Grundwasser hinab, sondern wurde

von Schichtenwasser gespeist. Der Feldsteinkranz des Brunnen-
schachts ruht auf einer Kastenkonstruktion aus Eichenholz. Die
Anlage gehört in die zweite Hälfte des 14. Jahrhunderts. Die
an das Gemeindehaus angebaute Brunnenstube ist mit kleinen
Vitrinen versehen, in denen Fundstücke aus der Ausgrabung
gezeigt werden. Reste von großformatigen Ziegeln des 14. Jahrhunderts, die in der Nähe geborgen wurden, lassen vermuten,
daß auf dem Gelände ein Ziegelbau gestanden haben muß. Da
Bauernhäuser damals nicht aus Ziegeln, sondern aus Holz und
Lehm errichtet wurden, mag es sich bei der Gesamtanlage um
den Herrenhof der Britziks gehandelt haben. Eine Fortsetzung
der Ausgrabungen im Jahre 1968 lieferte ein lückenloses Bild
der Besiedlung an diesem Platz. Danach bestand der Herrenhof
hier vom 13. bis in das 16. Jahrhundert. Aber schon vorher, im
10. und 11. Jahrhundert, gab es auf dem kleinen Kirchhügel eine
slawische Siedlung. Beim Abriß der aus dem frühen 19. Jahrhundert stammenden Schnapsbrennerei des Guts südlich des
Schlosses traten ältere Feldsteinmauern zutage. Es stellte sich
heraus, daß im nördlichen Teil der Schnapsbrennerei das kom-
plette Erdgeschoß eines mit Tonnengewölben versehenen alten
Feldsteinbaus erhalten war. Die eingeleiteten Ausgrabungen er-

Feldsteinbrunnen aus dem 13.–14. Jahrhundert von Berlin-Britz
während der Freilegung

gaben ein Alter von mehr als 500 Jahren. Es besteht berechtig-
ter Anlaß zu der Vermutung, daß hiermit ein weiteres mittelalterliches Herrenhaus, also ein anderer im Jahre 1375 genannter
Edelhof, wiederentdeckt worden war. Die alten Mauerreste stecken
heute noch im Erdreich. Das Schloß Britz, Nachfolger des eben
geschilderten Herrenhauses unter der ehemaligen Schnapsbrennerei, reicht in seinem Kern vermutlich auf das Jahr 1706 zurück. An einen späteren Gutsherrn, den Staatsminister von Ilgen,
erinnert eine im Gutsgarten aufgestellte Büste, die ursprünglich
an der Siegesallee im Tiergarten stand. Das Schloß erfuhr unter
dem Grafen Hertzberg eine Erweiterung und eine neue Innenaus-
gestaltung (1763). Eine erneute Umgestaltung erfolgte 1880
unter dem damaligen Eigentümer, dem Bankier Wilhelm August
Julius Wrede.

Wir gehen nun zum Britzer Damm und fahren mit dem Bus 144
nach Buckow (Station Alt-Buckow). Von dort wenden wir uns
nach rechts und erreichen den Anger des mittelalterlichen Dorfs.

Alt-Buckow

Die erste Erwähnung des Dorfs fällt in das Jahr 1375 im Land-
buch Kaiser Karls IV. Dort wird Buckow mit dreiundfünfzigeinhalb
Hufen aufgeführt. Davon besaß als markgräflicher Lehnsmann
Hogenest zehn abgabenfreie Hufen. Die meisten Abgaben der
bäuerlichen Hufen flossen an die Berliner Bürger Rathenow und
Wildenbruch. Für sie hatte der Schulze ein Lehnspferd zu halten.
Jede der Hufen entrichtete als Pacht, Zins und Bede insgesamt
zweiundzwanzigeinhalb Schillinge. Beteiligt waren außerdem an
den Abgaben die Herren Gyse und Beteke Dyreke zu Rudow. Die
Gerichtsbarkeit lag in den Händen der Herren Wildenbruch und
Rathenow. Sie besaßen auch das Kirchenpatronat. Im Jahre
1450 hatten die Britzkes aus Britz das Dorf zu eigen. Sie bewirt-
schafteten zu dieser Zeit auch die zehn ritterlichen Freihufen.
Archäologischer Fundstoff liegt bisher nur in geringer Menge vor.
Mit seiner Hilfe kann der Ort in die zweite Hälfte des 13. Jahrhunderts datiert werden. Doch spricht die eindrucksvolle, gut

erhaltene Kirche für ein höheres Alter. In Buckow hat sich wie schon im Mittelalter auch später keine eigene Gutsherrschaft herausbilden können. Immer waren es Auswärtige, die Anteile an den freien Ritterhufen besaßen.

Die Dorfkirche, einer der schönsten ländlichen Kirchenbauten Berlins, ist ein aus Quadern und gespaltenen Feldsteinen sorgfältig aufgeführter Rechteckbau mit charakteristischem Westturm. Dem Mauerwerk nach zu urteilen, muß sie schon vor 1250 entstanden sein. Alle alten Fenster und das vorzüglich gestaltete Westportal gehören allerdings schon der frühgotischen Zeit an. Die Ostwand hat die beiden äußeren Fenster einer Dreiergruppe als Nischen bewahrt. Auch sind drei Fenster auf der Südwand erhalten. An der Südseite nahe dem Turm befindet sich ein großes Spitzbogenportal des 15. Jahrhunderts aus Formsteinen mit zwei Wülsten von Birn- und Rundstabprofil zwischen Kehlen. Mit Birnstab versehen sind auch die Rippen des Kreuzgewölbes im Innern der Kirche. In seinen Zwickeln wurden 1908 spätgotische Fresken aufgedeckt. Die Wiederherstellung der Kirche nach den Bombenschäden im letzten Krieg brachte es mit sich, daß im Jahre 1950 weitere Gewölbemalereien freigelegt wurden. Im Turm hängen noch die alten Glocken, eine von ihnen trägt die Jahreszahl 1322. Die zweite muß ihrer Form nach bereits dem 13. Jahrhundert angehören.

Hier endet der Weg. Mit dem Bus 144 erreicht man den U-Bahnhof Leinestraße (U8), mit dem Bus 172 den U-Bahnhof Johannisthaler Chaussee (U7).

Bronzezeit und Mittelalter in Zehlendorf

Vom U-Bahnhof Onkel-Toms-Hütte führt der Weg durch die Onkel-Tom-Straße bis zur Reitschule, dann in Richtung Westen entlang dem Riemeisterfenn und der Krummen Lanke bis zur Fischerhüttenstraße, dieser folgend bis zur Argentinischen Allee und von dort zu Fuß oder mit dem Bus 211 bis zur Clauertstraße. Weiter geht es die Clauertstraße entlang zum Museumsdorf Düppel, zurück zum Königsweg, dem man in Richtung Osten über die Königstraße bis zur Potsdamer Straße/Ecke Teltower Damm und Clayallee folgt.

Nach Verlassen der U-Bahn (westlicher Ausgang zur Onkel-Tom-Straße) gehen wir durch die Onkel-Tom-Straße in Richtung Norden, am Quermatenweg vorbei bis zur Reitschule. Dort beginnt der Rundgang am Riemeisterfenn.

Das Riemeisterfenn und die Krumme Lanke

Die Krumme Lanke gehört zu einer Seenkette, die außer diesem Gewässer von Hundekehlensee, Grunewaldsee, Schlachtensee und Nikolassee gebildet wird. Zwischen den heute noch vorhandenen Seen liegen, früher ebenfalls Wasser führende, inzwischen aber verlandete Strecken wie das Hundekehlefenn, das Lange Luch, das Riemeisterfenn und die Rehwiese. Diese von Seen ausgefüllte, tief eingeschnittene Rinne verdankt ihre Entstehung der vorletzten Eiszeit (Saale-Glazial), die vor etwa 125 000 Jahren zu Ende ging. Damals waren der Berliner Raum und auch noch weiter südlich liegende Gebiete von gewaltigen Gletschern überzogen. Während des Abschmelzens suchten sich die Wassermassen ihren Weg unter dem Eis und schnitten Täler in den Boden.

Eine solche Schmelzwasserrinne hat sich mit der Grunewald-seenkette erhalten. Als vor etwa 90 000 Jahren die letzte Eiszeit (Weichsel-Glazial) begann, schoben sich die Gletscher wiederum langsam von Norden nach Süden vor und überformten die alte Schmelzwasserrinne. Am Ende dieser letzten Eiszeit, vor etwa 20 000 Jahren, wurde sie erneut ausgespült. Zurück blieben die teilweise noch heute vorhandenen Seen.

Krummensee

Am Südufer der Krummen Lanke, etwa dort, wo das Seeufer einen Knick aufweist und ein Weg auf die Höhe des Steilufers abzweigt, lag im Mittelalter das Dorf Krummensee. Der Ort wird nur einmal in einem Verkaufsvertrag zwischen dem Markgrafen und dem Kloster Lehnin im Jahre 1251 erwähnt. Danach überließ der Markgraf dem Kloster das Dorf Krummensee mit allen Rechten für 150 Mark Silber. In den Jahren 1937–39 wurde auf dem Gelände der wüsten Dorfstelle ausgegraben. Dabei gelang es, mehrere Hausgrundrisse und Teile einer Doppelpalisade festzu-stellen. Letztere scheint zu einer Befestigung – vielleicht zu einer Straßenkontrollstelle – gehört zu haben; eine gleiche Anlage konnte auch auf der Dorfwüstung am Machnower Krummen Fenn (Museumsdorf Düppel) freigelegt werden. Die Schichtenfolge innerhalb einer Hausstelle nahe dem Ufer der Krummen Lanke vermittelt ein gutes Bild von der Dauer der Besiedlung. Nach Aussage des dort geborgenen, reichhaltigen archäologischen Fundmaterials wurde der Ort bereits zu Ende des 12. Jahrhunderts, spätestens um 1200, gegründet. Die Funde geben auch zu erkennen, daß die bäuerliche Dorfbevölkerung zu diesem frühen Zeitpunkt vermutlich überwiegend aus Slawen bestanden haben muß. Um 1300 oder kurz zuvor ist das Dorf aufgegeben worden. Die spätesten archäologischen Zeugnisse stammen aus dem Gehöft am Seeufer; dazu gehören zwei Münzen Markgraf Albrechts III., der im Jahre 1300 verstarb. Die Annahme, daß der Ort in dieser Zeit verlassen wurde, wird durch das Fehlen einer Erwähnung im Landbuch Kaiser Karls IV. vom Jahre 1375 be-stätigt.

Bereits vor dem Ersten Weltkrieg hatten Funde von Tongefäßscherben auf die Ortslage des Dorfs Krummensee, aber auch auf
eine ältere Besiedlung in der jüngeren Bronzezeit hingewiesen.
Die vor dem Zweiten Weltkrieg vorgenommenen Ausgrabungen
gaben dann endgültigen Aufschluß: Bereits in der mittleren
Steinzeit (6.–5. Jahrtausend v. Chr.) hatten sich hier Menschen
niedergelassen, die der Jagd und dem Fischfang nachgingen. Erneut wurde der Platz im 11. Jahrhundert v. Chr. aufgesucht. Die
Spuren dieser Besiedlung waren jedoch zum überwiegenden Teil
durch die spätere mittelalterliche Bebauung zerstört worden.
Etwas östlich vom mittelalterlichen Dorf entdeckten die Ausgräber einen Urnenfriedhof, der zeitlich der bronzezeitlichen Siedlung zuzuordnen ist. Etwa 60 Gräber wurden ausgegraben. Der
in den Urnen gut erhaltene Leichenbrand ließ die Geschlechts-
und Altersbestimmung der Verstorbenen oftmals zu, denn die
Knochen der damals auf dem Scheiterhaufen verbrannten Toten
waren in größeren Stücken erhalten. Wir wissen daher, daß viele
der Bestatteten bereits im Kindesalter verstorben sind. Ein Alter
von mehr als 40 Jahren wies kaum ein Dorfbewohner auf. Der
Bestattungssitte der Zeit entsprechend, legte man hier und da
auch ein wenig Bronzeschmuck in die Urne und stellte ein oder
zwei kleinere Beigefäße mit Speisen für den Weg ins Jenseits mit
in die Grabgrube.

Wir folgen nun dem Uferweg südlich der Krummen Lanke bis
zum Fischerhüttenweg und gelangen über die Fischerhüttenstraße zur Argentinischen Allee. Dort sollte man den Bus 211
besteigen und bis zur Clauertstraße fahren. Nur wenige Schritte
die Clauertstraße entlang befindet sich das weitläufige Freige-
lände des Museumsdorfs Düppel, dessen Zugang nahe der alten
S-Bahnlinie liegt.

Das Museumsdorf Düppel

Bei dem Dorf handelt es sich um einen auf Grabungsergebnissen
beruhenden Rekonstruktionsversuch eines längst vergangenen
mittelalterlichen Dorfs aus der Zeit von Krummensee. Es ist für

Besucher nur während der Sommermonate an Wochenenden zugänglich. Genaue Auskunft über die Öffnungszeiten erhält man telefonisch auch wochentags unter der Nummer 030/802 66 71. Durch die seit dem Jahre 1967 durchgeführten Ausgrabungen war es hier gelungen, ein in der Zeit um 1200 nahe dem Machnower Krummen Fenn gegründetes Dorf, das urkundlich nicht erwähnt ist, zu großen Teilen auszugraben. Es ist zu vermuten, daß es sich um einen Vorgänger und möglicherweise auch um den Namensträger des mittelalterlichen Dorfs Cedelendorp gehandelt hat. Vor der Dorfgründung befand sich an gleicher Stelle eine Befestigung von langgestreckter Form, die in einer natürlichen Senke als Straßenkontrollstelle mitten im Wald angelegt worden war und derjenigen in Krummensee entsprach. Beide lagen sie an der Straßenverbindung von Leipzig nach Spandau, an die – allerdings aus späterer Zeit – immer noch die schöne Baumallee der Clauertstraße erinnert. Das nach Aufgabe der Straßenkontrollstelle mit fast gleich großen Hofgrundstücken gegründete Dorf bestand aus etwa 14 Gehöften. Erhalten hatten sich im wesentlichen die sich im Sandboden abzeichnenden Erdverfärbungen der Zaunbegrenzungen, mancher Grundriß eines Gebäudes, Abfallgruben und die unteren Teile der Brunnen sogar mit ihren Holzkonstruktionen. Man darf aus diesem wichtigen Befund und den entdeckten Tongefäßresten, Eisengegenständen und Schmuck schließen, daß das Dorf am Machnower Krummen Fenn während einer ersten systematischen Aufsiedlung des Teltow im ausgehenden 12. oder beginnenden 13. Jahrhundert entstand. Seine Bewohner waren wohl noch überwiegend Slawen, der Locator (Dorfgründer) aber vermutlich ein Deutscher. Ein Brunnenholz lieferte das mit Hilfe der Dendrochronologie ermittelte Fälldatum des Baums, aus dem die Bohle hergestellt worden ist. Es geschah zwischen 1197 und 1208. Das Dorf wurde spätestens um 1230 aufgegeben, die Bewohner zogen in das neu gegründete Cedelendorp (Zehlendorf) an der Clayallee. Das Dorf am Machnower Krummen Fenn wurde in einmaliger Weise auf den ergrabenen Grundrissen rekonstruiert und teilweise wieder aufgebaut. Es ist geplant, diese Arbeiten fortzusetzen, um dem Laien einen Eindruck vom Aussehen eines mittelalterlichen Dorfs zu vermitteln. Darüber hinaus gelang es,

Im Museumsdorf Düppel

mit Hilfe der Mitglieder eines Fördervereins im „Museumsdorf Düppel" mittelalterliches Leben nachzuvollziehen. Wer sich bei einem Besuch für die Ausgrabungen und das Leben im Dorf näher interessiert, kann dort eine Broschüre erwerben, in der auch ein Rundgang genau beschrieben ist. Im Gelände sind die angesprochenen Objekte gut ausgewiesen.

Nach Verlassen des Museumsdorfs wenden wir uns zunächst dem S-Bahnübergang zu. Dort zweigt ein ungepflasterter breiter Weg (Straße 518) ab, dem wir bis zum Königsweg folgen, um in diesen nach Osten einzubiegen. Über den Königsweg verlief die alte Straße von Berlin nach Potsdam, bevor die neue Trasse im Zuge der Potsdamer Chaussee angelegt wurde.

Das Rittergut Düppel

Linker Hand erscheinen die Gebäude des Gutes Düppel, das zur Zeit von dem veterinärmedizinischen Fachbereich der Freien Universität genutzt wird. Das Gut hieß bis 1859 Neu-Zehlendorf und war zuletzt im Besitz des bekannten Berliner Schnapsfabrikanten Carl Joseph Aloys Gilka. Dieser verkaufte es für 95 000 Taler an Prinz Friedrich-Carl von Preußen, den im Deutsch-Dänischen Krieg von 1864 durch den Sturm auf die Düppeler Schanzen bekannt gewordenen Neffen Kaiser Wilhem I. Friedrich-Carl gab dem Gut Neu-Zehlendorf zur Erinnerung an diesen Sieg den Namen Düppel.

Folgt man dem Königsweg weiter, so wird die S-Bahnunterführung der S1 erreicht. Kurz davor befindet sich linker Hand der Tränkepfuhl, an dem sich, wie die dort geborgenen Scherben erwiesen haben, ein weiteres mittelalterliches Dorf aus der ersten Hälfte des 13. Jahrhunderts befand. Sein Name ist unbekannt. Da später zu datierende Funde an dieser Stelle nicht gemacht wurden, ist anzunehmen, daß dieses Dorf zeitgleich mit dem anderen am Machnower Krummen Fenn (heute Museumsdorf Düppel) aufgegeben wurde und seine Bewohner ebenfalls in den neu gegründeten Ort Cedelendorp (Zehlendorf) übersiedelten.

Der Königsweg geht nun in die Königsstraße über, die kurz vor dem Ortskern von Zehlendorf in die Potsdamer Straße einmündet.

Zehlendorf

Der alte Dorfkern ist im Straßenbild noch gut erkennbar. Er erstreckt sich in nordsüdlicher Richtung über einen Teil des Teltower Damms und der Clayallee. Er wird von dem alten, Berlin und Potsdam verbindenden Verkehrsweg fast in der Mitte (heute Berliner und Potsdamer Straße) durchschnitten. Die erste Erwähnung Zehlendorfs findet sich im Jahre 1242 in einem alten Verzeichnis Lehniner Urkunden. Diesem zufolge verkauften die Markgrafen Johann I. und Otto III. dem Kloster Lehnin Cedelendorp mit einem weiteren Dorf Slatdorp und zwei Seen, dem Tusen- und dem Slatsee (Schlachtensee) nebst einem Wald für 300 Mark Silber. In den Jahren 1256 und 1264 bestätigt der Bischof von Brandenburg, daß er einige Getreidezehnte aus Cedelendorp bereits am 1. Januar 1249 dem Kloster Lehnin geschenkt habe. Genaueres berichtet das Landbuch Kaiser Karls IV.

aus dem Jahre 1375 über den Ort. Dort heißt es, daß jede der 50 Hufen – ausgenommen die vier freien Hufen des Pfarrers und die drei freien Hufen des Lehnsschulzen – acht Scheffel Roggen als Pacht, 50 Pfennige als Bede und zwei Schillinge als Zins zu geben hätten. Pacht und Zins erhielt damals das Kloster Lehnin, die Bede der Markgraf. Letzterem standen auch Getreideabgaben zu. Der Lehnsschulze hatte für seine drei freien Hufen dem Kloster ein Lehnspferd zu halten. Der Krug entrichtete dem Lehnsschulzen 32 Schillinge, die 22 ansässigen Kossäten zahlten zusammen 22 Schillinge und 18 Hühner. Das obere und niedere Gericht lag beim Kloster, der Wagendienst stand dem Markgrafen zu. Im Schoßregister von 1450 steht nach wie vor: „Zelendorff ist der Munche von Lehnyn."

Zu den bekannten historischen Quellen passen die archäologischen Funde. Die Grundstücke am Teltower Damm haben bisher nur Scherbenmaterial geliefert, das frühestens in das 14. Jahrhundert datiert. Im Jahre 1966 gelang es aber, neben dem neu erbauten Stadtbad in der Clayallee eine größere Anzahl von Scherben zu bergen, die in die Zeit von 1230 und 1300 gehören. Aus diesen Beobachtungen ergibt sich, daß das Dorf zunächst im Bereich der Clayallee angelegt wurde. Später aber, im 14. Jahrhundert, wurde es nach Süden etwa bis zum S-Bahnhof Zehlendorf erweitert. Scherben aus den ersten Jahrzehnten des 13. Jahrhunderts sind nirgends nachzuweisen. Es hat den Anschein, als wären zuerst, um 1230, die Bewohner der beiden Dörfer am Machnower Krummen Fenn und am Tränkepfuhl in das neu gegründete Cedelendorp gezogen. Etwa 70 Jahre später, um 1300, zogen dann auch die Bauern aus den Dörfern Krummensee und Slatdorp um.

Die heutige Dorfkirche entstand erst nach dem Siebenjährigen Krieg, also nach 1763. Sie steht an der Stelle des in diesem Krieg zerstörten mittelalterlichen Kirchenbaus. Der heutige Baukörper enthält eine Unzahl von Feldsteinen, die vermutlich von dem Vorgänger stammen. Über das Aussehen dieser älteren Kirche können keine Aussagen gemacht werden. Von ihr hat nur die alte Glocke überdauert, welche seit 1912 in der Johanniskirche zu Schlachtensee hängt und in die erste Hälfte des 13. Jahrhunderts datiert wird. Wenn diese zeitliche Zuordnung richtig ist, wäre es nicht ausgeschlossen, daß die Glocke bereits zu einer an anderer Stelle, vielleicht sogar in dem Dorf am Machnower Krummen Fenn gelegenen älteren Kirche gehört hat.

Von hier bieten sich für die Rückfahrt in Richtung Kurfürstendamm die Omnibuslinie 110 und in Richtung Potsdamer Platz die Linie 148 an. Ein kurzer Weg den Teltower Damm entlang führt zur S-Bahn in Richtung Friedrichstraße oder Wannsee.

Mittelalterliche Dorfspaziergänge in Schmargendorf und Dahlem

Von der Busstation der Linie 110 an der Hundekehlestraße/Ecke Warnemünder Straße führt der Weg die Warnemünder Straße entlang, durch die Misdroyer Straße links ab zur alten Schmargendorfer Dorfkirche. Man kehrt zum Bus 110 zurück und fährt mit diesem in südlicher Richtung zwei Stationen bis Im Dol. Von dort geht es weiter zu Fuß, der Pacelliallee folgend, zur Kreuzung Königin-Luise-Straße und weiter auf dieser in Richtung Westen zur Clayallee. Man überschreitet diese Hauptstraße und gelangt geradeaus zum Jagdschloß Grunewald. Der Rückweg erfolgt über den Waldweg zur Pücklerstraße und dann zur Clayallee. Von der Busstation 110 erreichen wir über die Warnemünder Straße und die Misdroyer Straße den heute überbauten alten Ortskern von Schmargendorf mit seiner sehenswerten kleinen Dorfkirche.

Schmargendorf

Das Dorf wird 1275 erstmals erwähnt, als das Stift Coswig das Patronat der Kirchen in Dahlem und Schmargendorf übernahm. Eine weitere Erwähnung des Ortes findet sich in einer Urkunde Markgraf Ludwig des Römers aus dem Jahre 1354, in der er dem Berliner Bürger Merkelyn Pletner das oberste Gericht sowie die von den Bauern zu leistenden Wagendienste und die Bede übertrug. Nach mehrfacher weiterer Erwähnung des Orts erscheint er im Landbuch Kaiser Karl IV. (1375) als Marggrevendorpp und ist mit 42 Hufen ausgewiesen. Von ihnen hat der Pfarrer zwei und Hennik Wilmerstorp elf freie Hufen zu seinem Hof (Adelshof). Die übrigen 29 Hufen zahlten als Pacht je Hufe drei

Scheffel Roggen und drei Scheffel Hafer. Als Zins waren zwei Schillinge in Pfennigen zu zahlen, an Bede zweieinhalb Schillinge sowie Roggen und Hafer. Im Ort werden elf Kossäten aufgeführt, die jeder ein Schilling und ein Huhn zahlten, sowie einen Krug (Schenke), der 14 Schillinge entrichtete. Diese Abgaben gingen an verschiedene Bezugsberechtigte. Im Jahre 1450 wird Schmargendorf mit 46 Hufen aufgeführt, also mit vier mehr als 1375. Die Herren von Wilmersdorf und ein Herr von Sterneberg besaßen davon je acht freie Ritterhufen. 14 bäuerliche Hufen sowie sämtliche Kossätenhöfe lagen 1450 wüst.

Die Dorfkirche ist die kleinste auf Berliner Boden. Trotz starker Veränderungen läßt sie den ursprünglichen flachgeschlossenen Saal noch immer erkennen. Der heute erhaltene Bau wird dem Anfang des 14. Jahrhunderts zugeordnet. Dies würde bedeuten, daß es sich nicht um den ältesten Bau handelt, denn im Jahre 1275 wird in der oben aufgeführten Urkunde ausdrücklich auf die Kirche in Schmargendorf hingewiesen. Die heute in der Kirche vorhandenen Fenster sind nicht alt, sie wurden erst im Laufe des vorigen und dieses Jahrhunderts ausgebrochen.

Mit dem Bus 110 erreichen wir nach zwei Stationen die Haltestelle Im Dol. Von hier gehen wir zu Fuß in Fahrtrichtung weiter.

Das Pechhüler Pfuhl

Zur Linken zeigt sich unmittelbar südlich der Straße Im Dol ein freies unbebautes Gelände, das einst zur Domäne Dahlem gehörte und später von der amerikanischen Schutzmacht genutzt wurde. Nahe dem Dol lag ein heute verlandetes ehemaliges Gewässer, der Pechhüler Pfuhl, aus dessen Umgebung während des Zweiten Weltkriegs Gefäßscherben aus der Zeit des frühen 12. Jahrhunderts aufgelesen wurden. Der aus dem Gebiet um Jüterbog übertragene Ortsname Pechhülle läßt auf ein mittelalterliches Dorf schließen, das wie andere aufgegeben wurde. Noch zu Ende des 18. Jahrhunderts war im Volksmund von einer „alten Dorfstelle" die Rede. Ihre beschriebene Lage scheint mit der archäologisch belegten Fundstelle identisch zu sein. Es ist möglich, daß die Bevölkerung dieser Siedlung in das benachbarte Dorf Dahlem übersiedelte.

Dahlem

Dort, wo die Pacelliallee die Königin-Luise-Straße kreuzt, befinden wir uns im Ortskern von Dahlem. Das Dorf wird erstmals in der bei Schmargendorf schon erwähnten Urkunde des Stifts Coswig aus dem Jahre 1275 genannt, dann wieder im Ortsregister Kaiser Karls IV. als Dalm. Es fehlen jedoch Angaben über die zugehörige Hufenzahl. Darüber erfahren wir erst aus den Schoßregistern der Jahre 1450 und 1481. Das Dorf verfügte damals über 40 Bauernhufen und zwölf freie Ritterhufen, die 1450 Otto Milow bewirtschaftete. Die Abgaben der Bauern in Höhe von drei Scheffeln Roggen und Hafer und sechs Groschen Geldes flossen der Familie von Milow zu. Ebenso lagen alle Rechte im Ort bei dieser Familie. Nachfolger der Milows waren die Herren von Spil. Diese versuchten seit dem 16. Jahrhundert, die Bauern zu Leibeigenen zu machen. Im Jahre 1661 veräußerten sie Dorf und Gutsherrschaft an die in Schmargendorf ansässigen Herren von Wilmersdorf. Dahlem bestand zu Ende des 17. Jahrhunderts nur noch aus der Gutsherrschaft, es gab keine selbständigen Bauern mehr. Im Jahre 1799 gelangte das Rittergut nach Aussterben der Herren von Wilmersdorf an den Grafen Podewil, dessen Palais heute noch in der Berliner Klosterstraße erhalten ist.

Der Ortsname ist mit großer Wahrscheinlichkeit niederdeutsch, im Hochdeutschen würde er Talheim lauten. Vermutlich hängt der Name mit dem Ort Dahlem bei Stendal zusammen und wurde von dort durch einwandernde Siedler aus der Altmark übertragen. Es ist wahrscheinlich, daß bei der Gründung des Dorfes Dahlem schon vor seiner Ersterwähnung im Jahre 1275 auch Umsiedler aus dem erwähnten Dorf Pechhülle und einer weiteren aufgegebenen Siedlung am benachbarten Schwarzen Grund beteiligt waren. Archäologische Untersuchungen unter dem Fußboden des Herrenhauses in Dahlem haben Pflugspuren sichtbar

gemacht, die von einem aus Holz gefertigten Hakenpflug her-
rührten. Der von der slawischen Bevölkerung des 11. und 12. Jahrhunderts verwendete Haken vermochte nur Furchen in den
Boden zu reißen, ohne ihn zu wenden. Der technisch fortschritt-
liche Wendepflug mit eiserner Pflugschar wurde offensichtlich
erst später mit einem verstärkten Zustrom deutscher Bauern im
Berliner Raum eingeführt. Die entdeckten Pflugspuren deuten
an, daß das Gebiet des Dorfs Dahlem zuvor von dem älteren
Dorf Pechhülle aus beackert wurde.

Die Dorfaue ist heute noch im Verlauf der Königin-Luise-Straße
gut zu erkennen. Sie vermittelt den Eindruck eines Angerdorfs.
Von dem älteren Baubestand haben Gutshaus und St. Annen-Kirche die Zeiten überdauert. Wir wenden uns zunächst nach links
und treffen in der Königin-Luise-Straße gleich auf das alte Gutshaus. Seine bis vor kurzer Zeit unklare Baugeschichte konnte
während der Jahre 1984–87 im Rahmen archäologischer und
baugeschichtlicher Forschungen aufgehellt werden. Den Ausgrabungen zufolge setzte eine erste Bebauung bereits im 13. Jahrhundert ein. Es war ein großes Pfostenhaus. Seine Maße entsprechen nicht denen zeitgleicher, gewöhnlicher Bauernhäuser.
Die außerordentliche Größe läßt eher auf das Haus der ersten
Gutsherren schließen, deren Namen uns nicht bekannt sind.
Möglich ist jedoch, daß die 1450 genannten Herren von Milow
auch schon im 13. Jahrhundert in Dahlem ansässig waren. Anstelle des in das 13. Jahrhundert zurückreichenden Pfostenbaus
trat vermutlich zu Ende des 15. Jahrhunderts ein sauber ausge-
führtes zweigeschossiges Fachwerkhaus, das den östlichen Teil
des heutigen Gebäudes einnahm. Es entsprach dem Typ des
fränkischen Bauernhauses. Demzufolge war das Erdgeschoß
traufseitig durch den Zugang erschlossen und wies eine symme-
trische Unterteilung auf. In seiner südöstlichen Ecke hatte man
einen aus Feldsteinen errichteten Raum mit spätgotischem
Sterngewölbe aus Backstein eingebunden. Dieser Gebäudeteil
war als einziger im ganzen Haus unterkellert. Er blieb auch bei
dem um oder nach 1680 erfolgten Umbau zu einem Gutshaus
im Stile des Barock erhalten und wurde in der älteren Literatur
als Hauskapelle angesprochen. Diese Deutung ist sicher falsch.

Wie in märkischen Gutshäusern des 15. und 16. Jahrhunderts der Fachwerkbauweise üblich, handelt es sich auch in Dahlem um den einzigen feuersicheren Raum im Hause. Er diente als letzte Zuflucht im Falle eines Brandes. Das Dahlemer Gutshaus war von den Zerstörungen des Dreißigjährigen Kriegs stark betroffen. Das Gut wurde im Jahre 1655 – stark verschuldet – von der Familie von Spil an Adam von Pfuhl veräußert. Dieser begann bereits mit den Ausbesserungsarbeiten am Haus, der endgültige Neubau erfolgte aber dann erst nach 1671 unter dem neuen Besitzer Cuno Hans von Wilmersdorf in vier Bauabschnitten.

Das zweite bedeutende Bauwerk in Dahlem ist die an der Königin-Luise-Straße/Ecke Pacelliallee stehende St. Annen-Kirche. Ihr heutiger Zustand läßt kaum einen Schluß auf das ursprüngliche Aussehen zu. Die Vergabe des Patronats an das anhaltinische Stift Coswig im Jahre 1275 macht jedoch deutlich, daß zu dieser Zeit bereits eine Kirche vorhanden gewesen sein muß. Es ist daher wahrscheinlich, daß ein erster Kirchenbau schon in der Gründungszeit des Dorfes während des zweiten Viertels des 13. Jahrhunderts entstand. Möglicherweise sind ihm die beiden spätromanischen schmalen Fenster in der Nordwand zuzuordnen. Nach unserer heutigen Kenntnis von anderen Kirchen wird jedoch damit zu rechnen sein, daß der älteste Steinbau – damit auch die beiden Fenster – wirklich erst in der zweiten Hälfte des 13. Jahrhunderts errichtet worden ist und der vermutete ältere Vorgänger aus Holz bestand. Im Osten schließt sich an das Kirchenschiff ein spätgotischer Chor aus dem 15. Jahrhundert an, der an die Stelle eines älteren Chorabschlusses getreten ist. Der Dachturm stammt aus dem Jahre 1781. Er diente von 1832 bis 1849 als Station 2 eines optischen Telegraphen, der über 61 hochgelegene Signalstationen Berlin mit Koblenz verband.

Im Innern der Kirche überspannt ein schönes Kreuzgewölbe mit Birnstabrippen den Chor. Es ruht auf sechs Kragsteinen, die einen Löwen, groteske Menschenköpfe und ein Wappenschild darstellen. Das Bandrippengewölbe im Westteil der Kirche wurde erst 1670 geschaffen. Seine Vorlagen zerschneiden ältere Fres-

Kreuzgewölbe der St. Annen-Kirche in Dahlem

ken, die 1893 entdeckt und seitdem mehrfach und zuletzt 1951 restauriert worden sind. Sie datieren in die zweite Hälfte des 14. Jahrhunderts und gehören somit zu den ältesten und bedeutendsten christlichen Kunstwerken der Mark Brandenburg. Sie belegen die mit der Kirche verbundene und im Mittelalter verbreitete St. Annen-Verehrung. Unter den Bildwerken herausragend ist die sich an der Nordwand findende Darstellung der Heiligen Anna selbdritt mit ihrer Tochter Maria und dem Jesuskind. Neuere Forschungen haben ergeben, daß die Bilder vermutlich auf böhmische Einflüsse zurückgehen, die unter der Herrschaft Kaiser Karls IV., der zwischen 1370 und 1375 auch Markgraf von Brandenburg war, hier Einzug hielten. Der alte, aus dem Beginn des 16. Jahrhunderts stammende Hauptaltar ist nicht mehr vollständig. Erhalten hat sich der Schrein mit Schnitzfiguren, die in der Mitte die Heilige Anna selbdritt mit der Heiligen Ursula und dem Heiligen Nikolaus darstellen. In den Flügeln des Altars fanden sich die Heiligen Katharina, Barbara, Agnes und Lucia; eine von ihnen fehlt heute. Darunter stehen Petrus, Paulus, Johannes und Jacobus. Die in bäuerlicher Spätrenaissance gestaltete Kanzel stammt aus dem Jahre 1679. An den Chorwänden finden sich schwere Grabplatten, die an den 1720 verstorbenen Gutsherrn Cuno Hans von Wilmersdorf, seine Frau Catharina Elisabeth geb.

v. Hake und deren ältesten Sohn Georg Friedrich von Wilmersdorf erinnern.

Nachdem wir die Kirche wieder verlassen haben, folgen wir der
Königin-Luise-Straße in westlicher Richtung, überqueren die Clayallee und gelangen geradewegs durch den Grunewald zum Grunewaldsee und zu dem an seinem Ostufer gelegenen Jagdschloß.

Das Jagdschloß Grunewald

Um das Jahr 1540 erwarb Kurfürst Joachim II. den Grunewaldsee und das umgebende Gelände von der Dahlemer Gutsherrn-
familie von Spil. Bereits im Jahre 1542 ließ er unmittelbar am
See durch seinen Baumeister Caspar Theiss ein Jagdschloß
„Zum grünen Walde" errichten. Es handelte sich um einen schlich-
ten Renaissance-Bau mit zwei kurzen, zum See hin gerichteten
Flügeln und mit einer hofseits gelegenen Eingangshalle mit Treppenturm. Das Gebäude war von einem künstlichen Wassergraben umgeben, der mit dem See in Verbindung stand. Der Wasserstand des Sees war damals wesentlich höher als heute. Ein
Umbau erfolgte in den Jahren 1693–95. Mit dieser Aufgabe
betraute Kurfürst Friedrich III. seinen Baumeister Johann Arnold
Nering. Die Umbauten des Schlosses wurden allerdings erst in
den Jahren 1705–1707 von den Baumeistern Grünberg und Behr
vollendet. Diesen Baumaßnahmen verdankt das Schloß seine
heutige Gestalt. Nur der Treppenturm und die Vorhalle erinnern
noch an den älteren Renaissancebau. Anscheinend hat man im
Rahmen der Umgestaltung den Wassergraben verfüllt, denn bei
Ausgrabungen im Jahre 1975 fanden sich in dessen Füllschich-
ten zahlreiche Renaissance-Bauteile, die dem Umbau zum Opfer
gefallen sein müssen.

Baugeschichtliche Untersuchungen im ehemaligen Küchenge-
bäude nördlich des Schlosses legten eine alte Renaissance-Tür
frei. Es blieb bislang ungeklärt, ob dieses Gebäude vielleicht Hinweise auf eine ältere, im Schloßbereich vorhandene Anlage geben kann. Möglicherweise stand hier bereits ein „Festes Haus",

ein befestigter Adelssitz aus der Zeit der Familie von Spil oder gar der Dahlemer Herren von Milow. Im Jagdschloß selbst befindet sich eine den Besuch lohnende Gemäldesammlung mit sehenswerten Werken von Lucas Cranach.

Wir machen vom Schloß aus einen kleinen Abstecher, dem breiten, entlang dem Seeufer verlaufenden Weg in westlicher Richtung folgend. Linker Hand begleitet uns das ehemalige Steilufer des Sees. Der Weg, auf dem wir gehen, war im Mittelalter noch von Wasser überspült. Kurz vor dem Abflußgraben des Grunewaldsees und vor dem Wirtshaus Paulsborn endet zu unserer Linken ein hochgelegener Geländesporn, der sich in östlicher Richtung immer mehr verbreitert.

Die alte Dorfstelle

Auf diesem Sporn hatte man um oder kurz nach 1200 ein Dorf gegründet, das aber schon bald, noch im 13. Jahrhundert, wieder aufgegeben wurde. Die zugehörigen Äcker befanden sich ebenfalls auf der Höhe, aber mehr in Richtung Jagdschloß Grunewald. Sie schlossen unmittelbar an die Siedlung an. Unsere Kenntnis hiervon beruht vorläufig auf den immer wieder aufgelesenen Siedlungsresten, vor allem mittelalterlichen Gefäßscherben und auf den Ergebnissen der sogenannten Phosphat-Methode. Mit ihrer Hilfe läßt sich der im Boden vorhandene Phosphatgehalt messen. Liegt er in Waldgebieten über der normalen Menge, weist dies auf Siedeltätigkeit und Ackerbau hin, denn er ist dann auf Viehhaltung und natürliche Düngung des Ackers zurückzuführen.

Am Hang des gegenüberliegenden nordwestlichen Seeufers wurden im Jagen 22 die Reste von zwei Pechöfen entdeckt. Nach Aussage der zugehörigen Gefäßscherben waren die Öfen im 13. Jahrhundert in Betrieb. Die Pechgewinnung hatte im Mittelalter einen besonders hohen Stellenwert, da Pech in großen Mengen zum Beispiel zum Abdichten von Bootsplanken, als Wagenschmiere und bei der Fertigung von Fässern benötigt wurde.

Wir wandern nun zurück zum Jagdschloß und von dort weiter auf dem hier in östlicher Richtung abzweigenden Weg bis zur Pücklerstraße. Wer nun noch Zeit und Lust hat, sollte dort noch einen Blick auf eine ganz andere Zeit werfen und das in der benachbarten Bussardstraße gelegene Brücke-Museum mit Gemälden der Moderne besuchen. Die Pücklerstraße führt zur Clayallee, wo man den Bus 115 in Richtung der U-Bahn-Stationen Oskar-Helene-Heim (U 1) oder Fehrbelliner Platz (U 1 und U 7) erreicht.

Anhang

Begriffserläuterungen

Ablaß	Kirchliche Einrichtung zum Erlaß von Sünden durch Freikauf mit Hilfe von Geldzahlungen.
Bede	Die Bede war eine ursprünglich bei außerordentlichen Anlässen erhobene Steuer, wurde dann aber zu einer jährlichen Abgabe in festgelegter Höhe.
Denar	siehe Pfennig.
Dorfschulze	Der vom Grundherrn (Landesfürst, adliger Bischof oder Kloster) mit der Verwaltung des Dorfes beauftragte Bauer.
Epitaph	Gedächtnistafel für einen Verstorbenen.
Groschen	Mittelalterliche Münze mit höherem Wert als der Pfennig. In Brandenburg wurde der Groschen im 14. Jahrhundert eingeführt. Ein Groschen entsprach unterschiedlich sechs bis acht Pfennigen.
Hospital	Mittelalterliches Armen- und Siechenhaus.
Hufe	Eine Hufe belief sich im Durchschnitt auf 50–60 Morgen Land und schwankte je nach Güte des Ackers. Das geringste Maß war zehn, das höchste 67 Morgen. Man unterschied zwischen den steuerpflichtigen Bauernhufen und den von jeder Steuerlast befreiten Ritter- und Freihufen.
Hüfner	Vollbauer.
Kasematte	Gegen feindlichen Beschuß gesicherter Raum in Festungen
Kapitel	Versammlung stimmberechtigter Mitglieder eines Klosters oder einer Klosterprovinz bzw. die Gemeinschaft von Priestern an einem Dom oder einer Stiftskirche.
Kossät	Kossäten stellen die untere soziale Schicht in einer Dorfgemeinschaft dar mit keinem oder nur geringem Pachtland.
Kurtine	Teil des Hauptwalls einer Festung.
Landbuch	Erste genaue schriftliche Erfassung der Besitzverhältnisse in der Mark Brandenburg durch Kaiser Karl IV. (um 1375).
Lehnspferd	Dieses Pferd war vom Lehnsmann oder Vasallen dem Lehnsherrn zu stellen.
Lehnsschulze	Eine Zwischenstufe zwischen dem vom Landesherrn mit erblichem Lehen (Grund und Boden) belehnten Adligen und dem meist abgabepflichtigen Dorfschulzen. Der Lehnsschulze aus bäuerlichem Stande besaß wie der Adlige meist abgabefreie Hufen und mußte dafür Vasallendienste (vor allem Kriegsdienst) leisten.

Mark	Mittelalterliche Währungseinheit. Im 12. Jahrhundert kamen auf eine Mark Silber 240 Pfennige, was einem Pfund (Talentum) entsprach. Im 14. Jahrhundert gehörten zu 1 Mark bereits 480 Pfennige.
Niederes Gericht	Es urteilte Bagatellfälle ab.
Oberes Gericht	Es war für schwere Straftaten zuständig.
Pacht	Die Pacht war gleichbedeutend mit dem Zehnt. Sie betrug meistens im Jahr fünf bis sechs Scheffel Roggen, vier Scheffel Hafer und ein Scheffel Gerste pro Hufe. Hinzu kam der sogenannte Fleischzehnt, der meist aus geräucherten Hühnern (Rauchhühner) bestand.
Patronat	Aufsicht über die Kirche. Der Patronatsherr hatte für Unterhalt und Wohnung des Pfarrers zu sorgen, während er für die bauliche Erhaltung der Kirche nur teilweise aufkommen mußte; ein anderer Teil dieser Pflicht fiel der Dorfgemeinde zu.
Pfennig = Denar	Kleinste Währungseinheit. Der Pfennig war anfangs die einzige ausgeprägte Münze. Alle anderen, wie Schilling, Mark oder Pfund, hatten nur als Verrechnungseinheit Bedeutung. Auf einen Schilling kamen zwölf Pfennige.
Pfund = Talentum	Größte mittelalterliche Währungseinheit. Auf ein Pfund kamen 20 Schillinge oder 240 Pfennige.
Ravelin	Vorgelagerte Verteidigungslinie.
Scheffel	Mittelalterliches Maß. Ein Scheffel entspricht etwa 40 kg.
Schilling = Solidus	Mittelalterliche Währungseinheit. Der Schilling wurde nicht ausgeprägt. Auf ein Schilling kamen zwölf Pfennige.
Schoßregister	Die in Registern zusammengefaßten Abgaben der Bauern.
Vasallendienst	Pflicht des Lehnsmannes, dem Lehnsherrn Heeresfolge zu leisten.
Wagendienst	Gestellung von Wagen zu Transporten und Arbeiten für den Grundherrn.
Wispel	Mittelalterliches Maß. Eine Wispel entsprach 24 Scheffeln, was etwa 19 Zentnern gleichzusetzen ist.
Zehnt	siehe Pacht.
Zins	Der Zins war eine viel geringere Abgabe als die Pacht und wurde von den Bauern als Nutznießer des Ackers dem Grundherrn als eine Art Anerkennungsgebühr entrichtet. Der Zins betrug zwei Schillinge, bisweilen mehr oder auch weniger für eine Hufe im Jahr.
Zunft	Zusammenschluß selbständiger Handwerker innerhalb ihrer Berufszweige. Zünfte entstanden erstmals im 11. und 12. Jahrhundert, im Berliner Raum lassen sie sich erst im 13. Jahrhundert nachweisen.

Weiterführende Literatur

K. Borrmann, Die Bau- und Kunstdenkmäler von Berlin, Springer Verlag 1983.

P. Clausewitz (Hrsg.), Berlinisches Stadtbuch, 1983.

J. Herrmann, Köpenick, Ein Beitrag zur Frühgeschichte Groß-Berlins, Akademie-Verlag 1962.

A. von Müller, Die Archäologie Berlins, Lübbe-Verlag 1986.

Derselbe, Museumsdorf Düppel, Haude u. Speher, 5. Auflage 1991

D. F. Schultze, Zur Beschreibung und Geschichte von Spandow, Hrsg. von O. Recke, Hopf'sche Verlagsbuchdruckerei Gebr. Jenne 1913.

J. Schultze (Hrsg.), Das Landbuch der Mark Brandenburg von 1375, Veröffentlichung der Historischen Kommission für die Provinz Brandenburg und die Reichshauptstadt Berlin VIII, 2. 1940.

Derselbe, Die Mark Brandenburg 1. Band, Duncker und Humblot 1961.

H. Seyer, Berlin im Mittelalter, VEB Berliner Verlag der Wissenschaften 1987.

BERLIN AUS ERSTER HAND

„Berlinothek" – die einzigartige Reihe für jeden, der diese Stadt mag. Zum Preis von DM 16,80 fassen diese Bände zu unterschiedlichsten Themenbereichen alles zusammen, was für den Bewohner und die Besucher der Stadt wissenswert ist.

STADTTEILFÜHRER

Alles über die Bezirke:
Berlin-Mitte
Zehlendorf
Köpenick
Spandau
Prenzlauer Berg
Kreuzberg

ESSEN UND TRINKEN

Von Tisch zu Tisch
Berliner Restaurantführer
(Tagesspiegel-Serie)
Garten und Ausflugslokale
In Berlin und Umgebung

AUSFLÜGE & TOUREN

Land rund um Berlin
Neue Tagestouren
(Tagesspiegel-Serie)
Dampferfahrten
In Berlin und Umgebung

Tagestouren mit Kindern
Freizeittips für die Familie
Archäologische Spaziergänge
Das historische Berlin
entdecken

EINKAUF-TIPS

Gesund Essen und Trinken
Ökologische Ernährung
in Berlin und Umgebung
Märkte und Markthallen
Das besondere Berliner
Einkaufserlebnis

BERLIN SPEZIAL

Brandenburger Tor
Eine kleine Geschichte des
Berliner Wahrzeichens
Der Deutsche Reichstag
Vom Baubeginn zur Verhüllung
Gut drauf und voll daneben
Die Berliner Off-Szene

Weitere Bände sind in Vorbereitung